»BLU

Buchners Lektüre Unterrichtsmaterial

Joachim B. Schmidt

Tell

Bearbeitet von
Barbara Reidelshöfer

C.C.BUCHNER

»BLU
Buchners **L**ektüre **U**nterrichtsmaterial

Herausgegeben von Barbara Reidelshöfer

Tell
Bearbeitet von Barbara Reidelshöfer

1. Auflage, 1. Druck 2024
Alle Drucke dieser Auflage sind, weil untereinander unverändert, nebeneinander benutzbar.

Dieses Werk folgt der reformierten Rechtschreibung und Zeichensetzung. Ausnahmen bilden Texte, bei denen künstlerische, philologische oder lizenzrechtliche Gründe einer Änderung entgegenstehen.

Redaktion: Jutta Förtsch
Layout und Satz: Wildner + Designer GmbH, Fürth
Druck: Brüder Glöckler GmbH, Wöllersdorf

www.ccbuchner.de

ISBN 978-3-7661-**12501**-5

Zur Einstimmung

Liebe(r) ....!

Manchmal geht im Deutschunterricht vielleicht das Gefühl dafür verloren, warum Lesen überhaupt eine erstrebenswerte und erfüllende Beschäftigung sein kann. Dies liegt an vielen Zwängen, die Schule, Lehrpläne und Prüfungsformate mit sich bringen, aber sicher auch das ein oder andere Mal an der Lektüreauswahl. Warum ein Buch lesen, dessen Wert Sie nicht erkennen, das Sie nicht interessiert, das Sie im Gegensatz zu Ihren sonstigen Medienerfahrungen als langweilig erleben – kurzum: das Sie nicht berührt?

Tell ist ein moderner Roman, der genau das kann! Denn der rasante Spannungsaufbau, die vielfältigen Figuren und die neu interpretierte Stoffgeschichte können den „Wow-Effekt" auslösen, von dem sich der Autor Joachim B. Schmidt erhofft, dass Sie ihn beim Lesen Tells empfinden (vgl. S. 49).

Unser Arbeitsheft hilft Ihnen dabei, den Gegenwartsroman Tell und die Rezeptionsgeschichte Wilhelm Tells besser zu verstehen. Dabei werden Sie Ihre Interpretationskompetenzen erweitern, indem Sie sich mit der Handlung, der erzählten Welt und der Figurengestaltung vertieft auseinandersetzen. Sie werden sich auch Gedanken darüber machen, ob Tell ein Held ist oder was Heldentum für Sie heute bedeuten kann.

Damit Sie immer genau wissen, was zu tun ist, gibt es im Heft ein paar wiederkehrende Symbole:

» Hier können Sie Aufgabenstellungen digital bearbeiten.

» Hier finden Sie Unterstützung, wenn Sie bei einer Aufgabe Schwierigkeiten haben und nicht weiterkommen.

» Hier erfahren Sie, dass Sie Aufgaben bereits vor dem Lesen oder erst nach dem Lesen des ganzen Romans bearbeiten sollen

Wenn Sie mit der vorliegenden Print-Ausgabe arbeiten, finden Sie hinter zahlreichen QR-Codes (einfach scannen oder Mediencode auf der Buchner-Webside eingeben) viele zusätzliche Materialien, Hilfen zur Lösung der Aufgaben, Links zu Hörtexten oder Videos usw.
Zur Bearbeitung der digitalen Aufgaben-Varianten in click & study lösen Sie bitte einmal den seriellen Code auf der Innenseite des Umschlags ein.

Ich wünsche Ihnen beim Lesen des Romans und beim Bearbeiten des Lektürebegleiters viele „Wow-Momente" und die Erkenntnis, dass Literatur keine langweilige Pflichtlektüre sein muss, sondern eine ungemein bereichernde Lernerfahrung!

Barbara Reidelshöfer

» 1. Lesefreude wecken und einen Roman der Gegenwart entdecken

a) Mein Tor zum „Tell“ – Vorwissen sammeln und erweitern

A1 Bestimmt haben Sie den Namen Wilhelm Tell schon einmal gehört. An was erinnern Sie sich? Was fällt Ihnen dazu ein? Welche Vermutungen haben Sie?
Notieren Sie alle Ideen in einem Cluster wie dem folgenden.

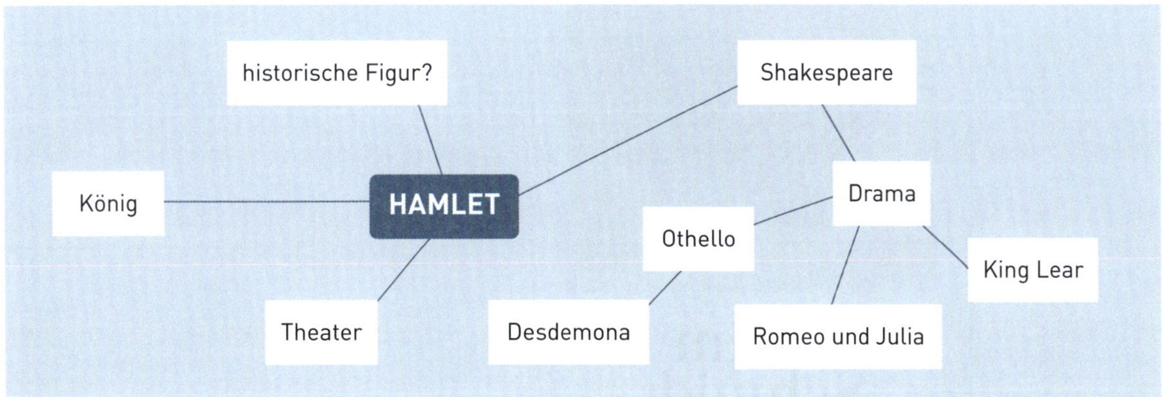

Haben Sie gar keine Idee? Dann formulieren Sie einfach Fragen, die Ihnen das Tor zu einem Roman mit dem Titel *Wilhelm Tell* ein Stück öffnen könnte.

A2 Blitzrecherche: Sie haben nun 10 Minuten Zeit und sollen so viel wie möglich über die historische und literarische Figur Wilhelm Tell herausfinden. Dabei sollen Sie **nicht** auf die Online-Enzyklopädie Wikipedia, sondern auf mindestens drei andere, seriöse Internetseiten zurückgreifen. Ergänzen Sie dabei Ihr Cluster.

A3 Bewerten Sie abschließend schriftlich die von Ihnen konsultierten Internetseiten. Legen Sie sich dafür eine Tabelle mit Bewertungskriterien an.

Wissen Sie nicht mehr, wie Sie Internetseiten kritisch bewerten? Unter dem **QR-Code** [12501-01] finden Sie eine gute Übersicht relevanter Kriterien. Unter dem **QR-Code** [12501-02] finden Sie ein Lernvideo zum Thema „Prüfung von Internetquellen“.

A4 Tauschen Sie sich in Ihrer Lerngruppe über Ihre Rechercheergebnisse aus und ergänzen Sie dabei Ihr Cluster aus **A1** und **A2** eigenständig.

A5 Formulieren Sie davon ausgehend Ideen, worum es in einem Roman mit dem Titel *Tell* gehen könnte.
Beachten Sie dabei auch, dass der Roman von einem nicht mehr in der Schweiz lebenden Autor im Jahr 2022 geschrieben ist.

A6 Welche Erwartungen verbinden Sie persönlich mit der Lektüre, die Sie nun lesen und in den kommenden Wochen im Deutschunterricht behandeln müssen?
Notieren Sie mindestens drei Aspekte.

b) Was ein Cover (nicht) verrät – Hypothesen zum Roman aufstellen

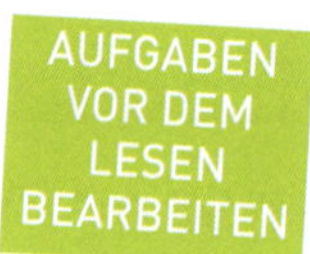

A1 Schauen Sie sich das Cover der Erstausgabe genau an und notieren Sie dazu spontane Assoziationen.

A2 Stellen Sie Vermutungen über die Wahl und die Gestaltung des Covermotivs an, indem Sie die folgenden Materialien berücksichtigen.

Sind Sie bislang in Ihren Recherchen nicht auf die Rolle des Apfels bei Wilhelm Tell gestoßen? Geben Sie jetzt dieses Stichwort in eine Suchmaschine ein, damit Sie den inhaltlichen Bezug des Covers verstehen können.

Material 1

Zitat des Autors, für den der Apfelschuss der Kern der Geschichte ist:

„Also die Vorstellung, dass man seinem eigenen Kind einen Apfel vom Kopf schießen müsste, das ist für mich der blanke Horror. Da muss eine ganz spezielle Beziehung zwischen dem Vater und dem Kind bestehen, ein Vertrauen. Aber vielleicht schwingt da noch etwas anderes mit. Dass der Tell dann wirklich macht, was ich nicht könnte, das hat mich fasziniert."

Deshalb schreibt Schmidt die Geschichte neu.

Material 2

Informationstext zur verwendeten Technik:

Im Lauf der 50er-Jahre entsteht eine neue Kunstrichtung, die sogenannte Pop Art, die in den 60er-Jahren international bestimmend wird. Die bekanntesten Pop-Art-Künstler sind Andy Warhol und Roy Liechtenstein. Die Pop-Art-Künstlerinnen und -Künstler verwenden als Bildmotive häufig Alltagsgegenstände und Konsumobjekte der Massengesellschaft, fertigen aber auch immer wieder Portraits von bekannten Politikerinnen oder Schauspielern an. Kennzeichen ihrer Werke ist eine distanzierte, auch ironisierende Haltung der Künstlerinnen und Künstler, die man durch die gewählten Verfahren, wie z. B. den Siebdruck, erkennen kann. Ein individueller Pinselstrich existiert nicht mehr. Die Farben der Kunstwerke erinnern an Farben, wie sie in der Werbegrafik verwendet werden: knallig, heiter, glatt. Häufig entsteht dadurch auch eine Gegensätzlichkeit zwischen emotionalen Motiven und objektiver bzw. entindividualisierter Darstellungsweise. Pop-Art-Künstler thematisieren häufig auch Ver- und Entfremdung bestimmter zeitgenössischer Idole (z. B. Andy Warhols berühmte Portraits).

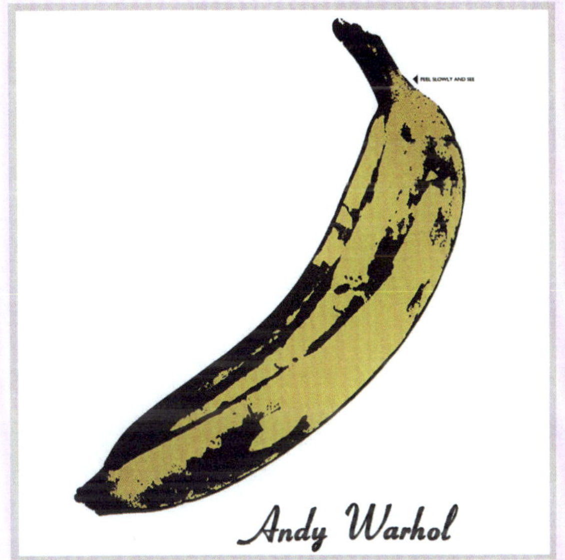

Von Andy Warhol 1967 für das Plattencover VELVET UNDERGROUND gestaltet.

Die Serie Marilyn Monroe bestand aus fünf verschiedenfarbigen, quadratischen Werken von Warhol; Juli und August 1964 gefertigt.

A3 Joachim B. Schmidts *Tell* soll auch in Übersee erscheinen. Im Verlag ist man sich einig, dass dafür ein neues Cover gebraucht wird.

Erläutern Sie aus Ihrer Sicht, warum ein solches nötig ist.

A4 Gestalten Sie dieses Cover. Sie dürfen dabei alle Ihnen zur Verfügung stehenden gestalterischen Mittel verwenden (Zeichnung, Malerei, Collage, Siebdruck, digitale Möglichkeiten).

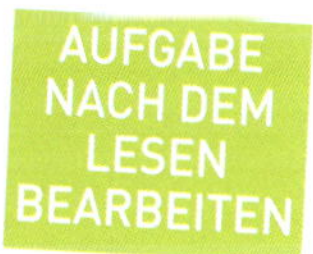

c) Werbung fürs Buch – die Klappentexte zum Roman auswerten

A1

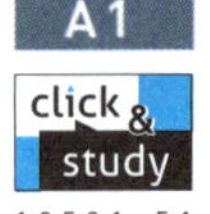

12501-51

Lesen Sie die Klappentexte auf den Einschlagklappen sowie auf der Buchrückseite aufmerksam durch.
Überprüfen Sie im Anschluss die untenstehenden Aussagen.
Kreuzen Sie im Heft die richtigen Lösungen an oder bearbeiten Sie die Aufgabe **digital**.

	richtig	falsch
Man erfährt in den Klappentexten, dass es sinnvoll ist, Wilhelm Tell bereits zu kennen, um den Roman *Tell* richtig genießen zu können.		
Die verschiedenen Klappentexte haben das Ziel, Leserinnen und Leser über den Autor, den Inhalt und die Erzählweise zu informieren und zum Lesen zu animieren.		
In dem Klappentext auf der Buchrückseite werden intertextuelle Bezüge hergestellt, um den intellektuellen Anspruch des Romans herauszustellen.		
Es wird deutlich, dass Joachim B. Schmidt einen alten Mythos neu interpretiert und sich dabei von einem literarischen Vorbild inspirieren lässt.		
Der Klappentext auf der Buchrückseite informiert über das Genre.		
Die Klappentexte sprechen Sie an und machen Sie auf die Lektüre des Romans neugierig.		

TIPP Sollte einer der Texte auf Ihrer Ausgabe fehlen, können Sie ihn unter dem **QR-Code** [12501-03] nachlesen.

A2 Eine wichtige Funktion des Klappentextes ist die Werbung für das Buch.
Erläutern und begründen Sie, wer Ihrer Meinung nach besonders angesprochen werden soll und mit welchen Formulierungen das geschieht.

A3 Im Klappentext auf der Buchrückseite wird auf zwei Filme Bezug genommen. Schauen Sie sich die Filmplakate an und erläutern Sie, welche Aspekte des Romans dadurch betont werden.

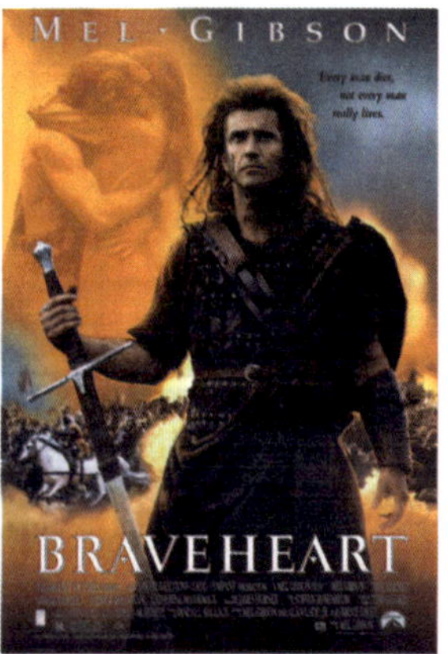

A4 Schmidt selbst hat den Vergleich des Romans mit diesen Blockbustern als „großspurig und etwas reißerisch" bezeichnet.
Bewerten Sie den Vergleich mit den vorliegenden Filmen und schlagen Sie dabei ggf. passendere Filme/Serien vor.

» 2. Tell? Viele Tells! – die Rezeptionsgeschichte des Romans entdecken

a) Der Mythos Tell – den Ursprung des Tell-Stoffs kennenlernen

A1 Was ist ein Mythos? Welche Mythen kennen Sie? Notieren Sie bis zu drei Assoziationen in der **digitalen** Wortwolke, besprechen Sie diese im Plenum und nähern Sie sich so einem gemeinsamen Verständnis des Begriffs Mythos. Erstellen Sie eine „Klassen-Wortwolke".

12501-52

A2 Lesen Sie nun den Auszug eines Lexikonbeitrags aus Gero von Wilperts *Sachwörterbuch der Literatur* und bewerten Sie anschließend auf der Positionslinie dessen Verständlichkeit.

Mythos (griech. = Wort, Erzählung), Erzählung von Göttern, Dämonen und Helden, Ereignissen der Ur- und Vorzeit als ganzheitl. Weltaneignung und symbol. Verdichtung der allgem. Urerlebnisse zu relig. Weltdeutung in der vorwiss. Frühzeit aller Völker mit enger Beziehung zu Kult und Ritual, oft bei gegenseitiger Berührung der Völker verschmolzen, verdrängt oder umgewandelt (dadurch Entstehung der Götterkämpfe u. ä.). Man unterscheidet drei Arten: 1. Eigtl. M., den naive Einbildungskraft an Erfahrungstatsachen ableitet, so kosmogon. oder → Schöpfungs-M. (theogon. M.: Götterentstehung, anthropogon. M.: Menschenschaffung, eschatolog. M.: Weltende) und → aitiolog. Natur-M. als Erklärung von Naturerscheinungen (Donner, Ursprung und Eigenart der Tiere und Pflanzen) oder relig. Bräuchen, oft aus anthropomorpher Sicht, indem Naturgewalten in übermenschlich begabten, doch von menschl. Gestalt abgeleiteten Personen verkörpert werden, die später neben phys. auch eth. Kräfte erhalten. 2. halbgeschichtl. M. um früheste Kriege und Heroen, oft mit Götter-M.verschmolzen und durch phantast. Ausmalungen entstellt. 3. Aus reiner Phantasiefreude entstandene, unbezogene M.en. – Die Deutung kennt zwei gegensätzliche Möglichkeiten: a) rational-allegor. Aus unbeteiligter Distanz, z. B. die Unschädlichmachung griech. M.en im Frühchristentum durch allegor. Auslegung, b) irrational mit gefühlsmäßiger Annäherung: M. als Urdichtung und unerschöpfl., vorbildl. Quell der Poesie. [...] Die Beziehungen des M. zur Lit. führen zu deren beständiger Befruchtung als unerschöpfl. Stoffreservoir für die Lesbarkeit der Welt, indem sie nicht nur einzelne myth. Symbole verwendet, sondern auch ganze Mythen übernimmt, anreichert, kombiniert, aktualisiert und dichterisch ausformt (griech. Tragödien, Epen HOMERS, OVIDS Metamorphosen, *Edda*) oder neuschafft, selbst neue Mythen kreiert (Mythopoiesis: Faust, Don Juan), der rationalen Entzauberung der Welt Einhalt bietet und damit das Werk in alltagsferne, religiös-werthaltige Bereiche erhebt: GOETHES *Faust II*, die Romantik mit wiss. Forschung und Versuchen zur Wiederbelebung des M., WAGNERS Gestaltung german. M.en, *HEBBELS Moloch*, M. Bestandteile in G. HAUPTMANNS Werk als Überwindung des Allzumenschlichen, GEORGE-Kreis, Espressionismus (BARLACH), J. JOYCE, H. BROCH, Th. MANN (Josephsromane) als Psychologisierung des M.

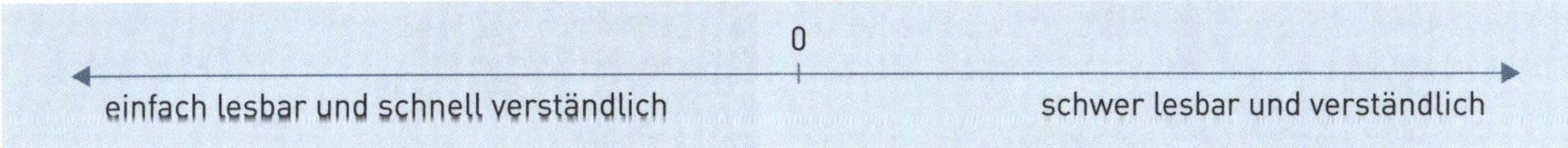

A3 Begründen Sie Ihre Einschätzung und beziehen Sie dabei die Besonderheiten des Lexikonstils mit konkreten Beispielen aus dem obigen Artikel ein.

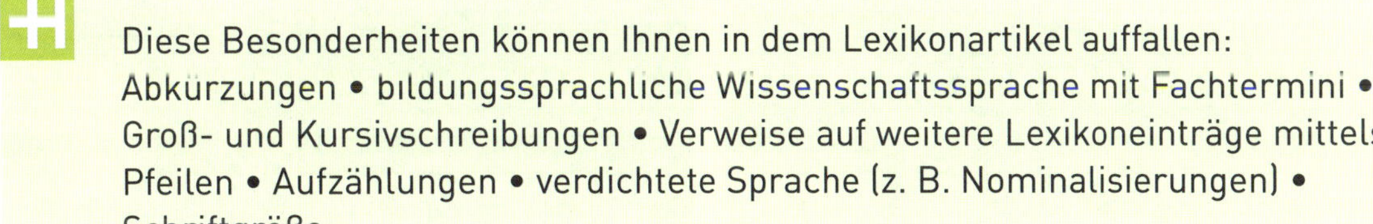

Diese Besonderheiten können Ihnen in dem Lexikonartikel auffallen: Abkürzungen • bildungssprachliche Wissenschaftssprache mit Fachtermini • Groß- und Kursivschreibungen • Verweise auf weitere Lexikoneinträge mittels Pfeilen • Aufzählungen • verdichtete Sprache (z. B. Nominalisierungen) • Schriftgröße

A4 Gestalten Sie nun ausgehend von Ihrer Klassen-Wortwolke aus **A1** eine neue digitale Wortwolke, in der Sie mindestens 10 Aspekte des Lexikonartikels integrieren, sodass am Ende ein Begriffsübersicht entsteht, die Ihnen als Lernvorlage dienen kann.

A5 Welche Etappen durchläuft der Tell-Mythos? Arbeiten Sie analog oder **digital**.

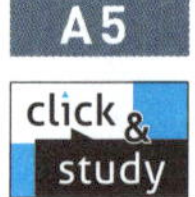

12501-53

Ordnen Sie die genannten „Stationen" (relevant ist jeweils der Beginn der Überlieferung) der Zeitleiste zu.
Notieren Sie anschließend wesentliche Informationen zu den Überlieferungsstationen.

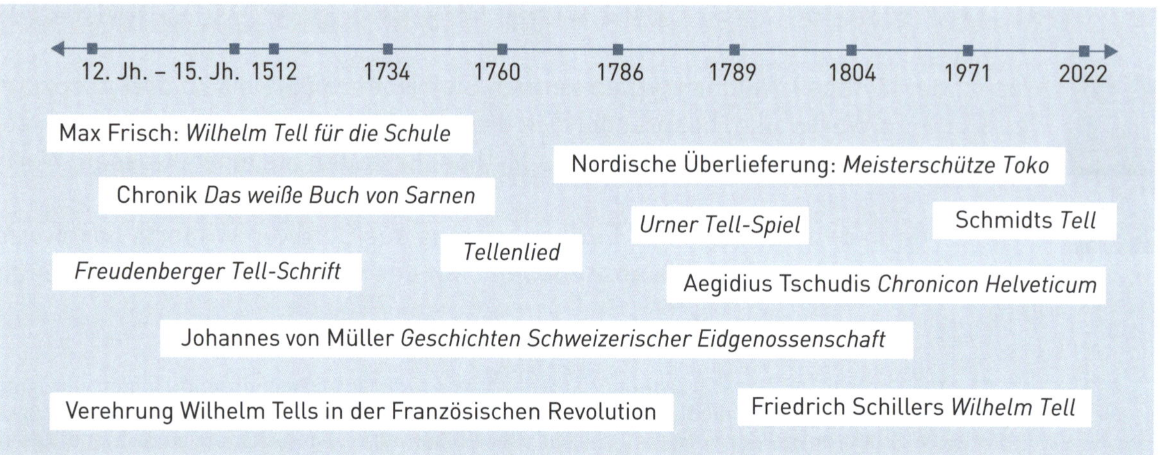

A6 Aber was macht nun den Tell-Mythos aus? Betrachten Sie die Abbildungen und recherchieren Sie davon ausgehend weiter im Internet, um die Dimension des Tell-Mythos in Erfahrung zu bringen. Notieren Sie Ihre Recherche-Ergebnisse.

Mit den im **QR-Code** [12501-04] genannten Internet-Adressen können Sie sich zum Thema Mythos einlesen.

12501-04

Tell als Denkmal

Tells Kapelle am Vierwaldstättersee

Die sog. hohle Gasse bei Küsnacht

b) Schillers *Wilhelm Tell* – zentrale Dramenstellen interpretieren und mit Schmidts *Tell* vergleichen

A1 Die wohl bekannteste literarische Gestaltung des Tell-Mythos ist Friedrich Schillers klassisches Drama *Wilhelm Tell*, das 1803 erschienen ist. Aber warum ist dieses Werk so berühmt?

A1.1 Lesen Sie unten die vier Antworten, die ein Chatbot auf diese Frage gibt.

A1.2 Aus jeder Antwort resultieren weitere Fragen, die der Chatbot jedoch offen lässt, die aber für ein vertieftes Verständnis beantwortet werden müssten.

Offene Frage zu Punkt 1 der Chatbot-Antwort: Wie erhebt sich Tell gegen den Vogt Gessler?

Formulieren Sie nun selbst jeweils zwei offene Fragen zu den Punkten 2 bis 4, die sich aus den folgenden Antworten des Chatbots ergeben.

Unter dem **QR-Code** [12501-05] finden Sie auch zu den anderen Aspekten jeweils eine offene Frage.

Schillers Drama *Wilhelm Tell* ist aus mehreren Gründen bedeutend:

1. Symbol für Freiheit und Widerstand: *Wilhelm Tell* ist zu einem Symbol für den Kampf gegen Tyrannei und Unterdrückung geworden. Das Stück erzählt die Geschichte eines einfachen Schweizer Bogenschützen, der sich gegen die Unterdrückung durch den tyrannischen Vogt Gessler erhebt. Durch Tell wird der Mut und die Entschlossenheit des Individuums im Kampf für Freiheit und Gerechtigkeit dargestellt.

2. Nationales Identitätsgefühl: Schillers Darstellung von *Wilhelm Tell* hat stark zur schweizerischen Nationalmythologie beigetragen. Das Drama hat dazu beigetragen, das Bild eines tapferen und unabhängigen Schweizer Volkes zu formen, das bereit ist, für seine Freiheit einzustehen. Die Geschichte von Wilhelm Tell hat einen starken Einfluss auf das nationale Identitätsgefühl der Schweizerinnen und Schweizer

3. Literarische Bedeutung: *Wilhelm Tell* wird oft als Schillers Meisterwerk betrachtet. Das Drama zeigt Schillers Fähigkeit, politische und moralische Themen in einer kraftvollen und emotional ansprechenden Weise darzustellen. Es ist für seinen poetischen Stil, seine starken Charaktere und seine eindringliche Darstellung von Konflikten bekannt.

4. Politischer Einfluss: Das Drama hatte auch einen politischen Einfluss, insbesondere während der Zeit der nationalen Bewegungen und Revolutionen im 19. Jahrhundert. Es diente als Inspirationsquelle für Menschen, die sich gegen Unterdrückung und für Freiheit einsetzten.

Insgesamt hat Schillers *Wilhelm Tell* einen großen kulturellen, literarischen und politischen Einfluss gehabt. Es ist zu einem bedeutetnden Werk der deutschen Literatur geworden und hat die Geschichte von Wilhelm Tell weltweit bekannt gemacht.

A2 click & study 12501-54

Kreuzen Sie an oder arbeiten Sie **digital** für die Entscheidung darüber, wie Sie diese offenen Fragen beantworten würden, und besprechen Sie anschließend die Ergebnisse in Ihrer Lerngruppe. Beurteilen Sie dabei jeweils Vor- und Nachteile der einzelnen Möglichkeiten.

- ☐ Schillers Drama lesen
- ☐ Chatbot weiter befragen
- ☐ Wikipedia-Artikel lesen
- ☐ auf Schülerportalen nach Antworten fragen
- ☐ Lernvideos zu *Wilhelm Tell* anschauen

A3 Nicht immer ist es zeitlich möglich, einen literarischen Text komplett zu lesen. Deswegen sind Zusammenfassungen von Texten wichtig. Im Internet gibt es mit Sommers Weltliteratur ein nicht nur bei Schülerinnen und Schülern beliebtes Format, das Literatur mit Playmobilfiguren nachstellt.
Schauen Sie sich das Video im **QR-Code** [12501-06] an und überprüfen Sie dann, ob Sie nun offen gebliebene Fragen aus **A1** beantworten können.

A4 Vor der Deutschstunde hören Sie folgendes Schülergespräch:

„Diese Playmobilvideos sind so super, damit spar' ich mir das Textlesen komplett!"

„Ja genau, der Sommer fasst das einfach total sachlich zusammen; da weiß man alles, was wesentlich ist."

„Echt? Mir hilft das eher dabei, den Text besser zu verstehen. Aber ich finde schon, dass man den Text noch selbst lesen muss."

„Ich schau mir immer nur die ‚musstewissen-Lernvideos' an, die Lisa kann das einfach super erklären. Und ich kann dann im Unterricht mitreden."

A4.1 Beurteilen Sie die Aussagen der Schülerinnen und Schüler. Falls Sie das Lernvideo des Kanals „musstewissen" noch nicht kennen, schauen Sie es sich unter dem **QR-Code** [12501-07] an, um eine fundierte Beurteilung der angesprochenen Videos vornehmen zu können.

12501-07

A4.2 Gehen Sie abschließend auch darauf ein, inwieweit Ihre Fragen, die sich aus der Chatbot-Recherche (**A1**, S. 11) ergeben haben, mithilfe der Videos beantwortet werden konnten.

A5 Lesen Sie nun im **QR-Code** [12501-08] direkt in die erste Szene des Dramas hinein, um die Beurteilung des Dramas durch den Chatbot besser verstehen zu können.
Markieren Sie mit drei verschiedenen Farben, wie bereits in der Exposition des Dramas die in **A1** benannten Aspekte erkennbar sind.

12501-08

A6

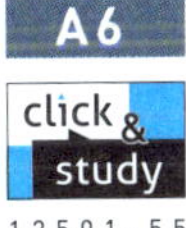

12501-55

Um das Drama zu verstehen, müssen Sie klären, welche Textstellen auf zentrale inhaltliche Aspekte des Drameninhaltes hinweisen.
Ordnen Sie deshalb **digital** die dort genannten Textstellen den folgenden drei Oberbegriffen zu:

- Symbol für Freiheit und Widerstand
- nationales Identitätsgefühl
- kraftvolle, emotionale Darstellungsweise

A7 Führen Sie folgende Deutungshypothese aus, indem Sie auf Ergebnisse der Aufgabe **A6** zurückgreifen.
Denken Sie daran, direkte und indirekte Verweise in Ihre Ausführung zu integrieren. (ca. 500 Wörter)

> **Deutungshypothese:**
> Bereits in der Exposition des Schiller-Dramas *Wilhelm Tell* wird Tell als Held inszeniert.

A8 Überprüfen Sie, ob diese These auch auf den Beginn des Romans zutrifft. Lesen Sie dazu noch einmal den Romananfang bis einschließlich Seite 29.

A9 Vergleichen Sie die Gestaltung des zentralen Apfelschuss-Motivs in beiden Texten. Folgende Aspekte können u. a. verglichen werden:

- Ursachen des Apfelschuss
- Verhalten Tells
- Darstellung Tells
- Verhalten der Umwelt beim Apfelschuss
- unmittelbare Folgen des Apfelschusses
- langfristige Folgen des Apfelschusses

Unter dem **QR-Code** [12501-09] finden Sie ausführliche Erläuterungen zur Methode, wie Sie einen solchen Vergleich anlegen.

12501-09

A10 In einer Rezension heißt es:

„Joachim B. Schmidt verwandelt den Tell-Stoff massiv."

Erläutern Sie diesen Satz mit Ihren bisherigen Kenntnissen. Gehen Sie insbesondere auf die Darstellung der Figur Tells ein, aber auch auf inhaltliche Veränderungen (Exposition - Apfelschuss-Szene – Auflösung des Konflikts).

c) Tell! oder ~~Tell~~? – die Rezeptionsgeschichte Wilhelm Tells erforschen

A1 Der Literaturwissenschaftler Nico Dorn schreibt über die Rezeption Schillers:

„Es geht hier nämlich viel weniger um die Schriften des Dichters und viel mehr darum, was aus ihnen geworden ist, wie man sie gelesen oder verarbeitet und nicht zuletzt verstanden oder missverstanden hat. Schillerrezeption schreiben, heißt Sozial- und Politikgeschichte schreiben."

Worauf will Dorn aufmerksam machen?
Recherchieren Sie die Rezeptionsgeschichte Wilhelm Tells im 19. Jahrhundert und erläutern Sie anschließend die obige Aussage.

Unter dem **QR-Code** [12501-10] finden Sie für die Recherche hilfreiche Internetlinks.

12501-10

A2 Ein besonders Kapitel in der Rezeptionsgeschichte ist der Umgang mit dem *Wilhelm Tell* im Nationalsozialismus. Was zeigen die drei Dokumente? Ergänzen Sie den folgenden Satzanfang.
Während Schillers Wilhelm Tell zu Beginn des Nationalsozialismus …

„Der Starke ist am mächtigsten allein."

Die Überschrift des 8. Kapitels, 2. Teil aus Hitlers „Mein Kampf" (1925) ist ein direktes Zitat aus Schillers Wilhelm Tell.

Filmplakat von 1934

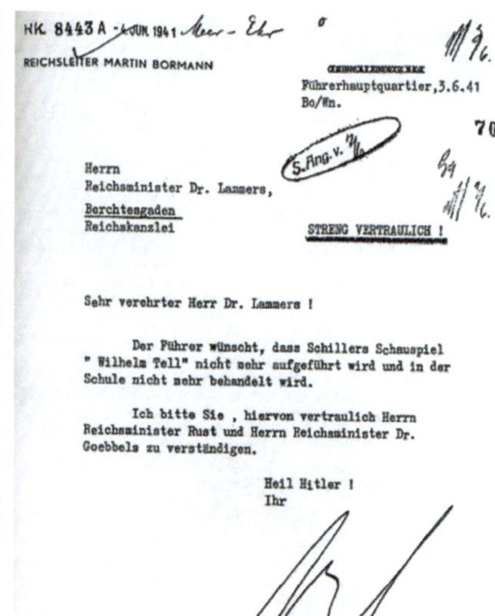

HK. 8443 A - 4.JUN.1941

REICHSLEITER MARTIN BORMANN

Führerhauptquartier,3.6.41
Bo/Wn.

70

S.Ang.v.

Herrn
Reichsminister Dr. Lammers,
Berchtesgaden
Reichskanzlei

STRENG VERTRAULICH !

Sehr verehrter Herr Dr. Lammers !

Der Führer wünscht, dass Schillers Schauspiel " Wilhelm Tell" nicht mehr aufgeführt wird und in der Schule nicht mehr behandelt wird.

Ich bitte Sie , hiervon vertraulich Herrn Reichsminister Rust und Herrn Reichsminister Dr. Goebbels zu verständigen.

Heil Hitler !
Ihr

(M.Bormann)

A3 Warum kommt es zu dieser Entwicklung? Stellen Sie Vermutungen darüber an.

A4 Überprüfen Sie Ihre Vermutung mithilfe des Artikels, den Sie unter dem **QR-Code** [12501-11] aufrufen können.

12501-11

A5 Lesen Sie nun noch einmal das Zitat Nico Dorns aus Aufgabe **A1** und ergänzen Sie nach dem ersten Satz einen Absatz, der seine These am Beispiel des nationalsozialistischen Umgangs mit dem Stoff erläutert (ca. 150 Wörter). Benutzen Sie dabei folgende Begriffe:

Instrumentalisierung – Freiheitsdrama – Verbot – problematisches Vorbild – Tyrannenmord

d) Ade Held! – Entmystifizierung als Reaktion auf die Heroisierung erkennen

A1 1971 erscheint Max Frischs *Wilhelm Tell für die Schule* als kurzes Prosawerk. Darin deutet Max Frisch, der zu dieser Zeit einer der bekanntesten Schweizer Schriftsteller gewesen ist, den Tell-Mythos gänzlich anders. Lesen Sie hier unter dem **QR-Code** [12501-12] daraus die Apfelschuss-Szene und beschreiben Sie deren Wirkung – auch im Vergleich zur Version Schillers.

12501-12

Max Frisch, 1911 in Zürich geboren, wurde – wie sein Vater – Architekt; das Architekturbüro betrieb er neben seinem literarischen Schaffen als Romancier, Dramatiker und Tagebuchschreiber weiter. Das Grundthema seines literarischen Schaffens war die Frage nach der Identität, nach dem Bild, das jeder von sich selbst hat oder sich macht bzw. das andere sich von einem machen. Frisch starb 1991 in Zürich.

A2 Sammeln Sie erzählerische und sprachlich-stilistische Auffälligkeiten, die diese Wirkung verursachen.

A3 Stellen Sie eine Vermutung an, warum folgendes Ereignis Max Frisch zu seiner Version der Tell-Geschichte angeregt haben könnte.

Info

Die vier Mitglieder der Volksfront für die Befreiung Palästinas (PFLP) griffen am 18. Februar 1969 eine Boeing 720 der israelischen Fluggesellschaft El Al an. [...] Der Kopilot kam dabei ums Leben. Ein Attentäter wurde von einem israelischen Sicherheitsmann erschossen. [...] Neben Unmengen an Sprengstoff und Waffen, mehreren Kopien eines Flugblattes an die Adresse der Schweizer Bevölkerung, mit dem die Attentäter an „die Töchter und Söhne des Freiheitskämpfers Wilhelm Tell" appellierten, sich „für die Sache des palästinensischen Volkes einzusetzen", trugen sie einen Einsatzbefehl mit sich.

A4 In einem Diskussionsabend im Basler Nationaltheater (unter dem **QR-Code** [12501-13] können Sie ein Video der Veranstaltung ansehen) äußert sich Frisch zu seiner Intention für diese Neudarstellung, die auf heftigen Widerstand in der Schweiz gestoßen ist.
Überprüfen Sie, ob seine Intention mit Ihrer Vermutung (vgl. **A3**) übereinstimmt.

12501-13

A5 Führen Sie zum Thema „Kein Zeitalter für Helden?!" eine Podiumsdiskussion. Bereiten Sie sich darauf vor, indem Sie sich mit folgenden Fragen auseinandersetzen:

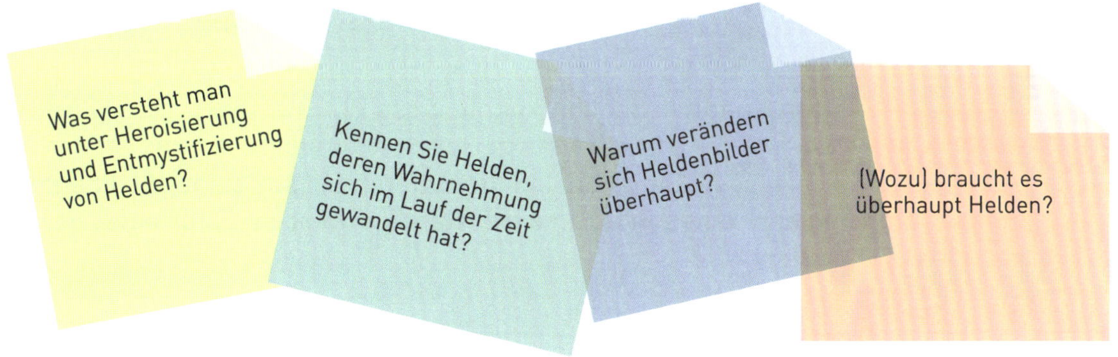

e) Tell als Werbeträger – Mechanismen der Werbung erkennen

A1 Der hohe Bekanntheitsgrad des Tell-Mythos führt dazu, dass er nicht nur literarisch genutzt wird. Analysieren Sie, wie die beiden folgenden Beispiele den Tell-Mythos aufgreifen.

[1]*Zum Begriff „Medienpaket": 2022 haben der Bundesrat und das Parlament in der Schweiz ein Maßnahmenpaket zugunsten der Medien erarbeitet, um einheimische Zeitungen, Lokalradios und Regionalfernsehen sowie Online-Medien zu stärken, da diese wesentliche Stützen von freier Meinungsbildung und Demokratie sind. Dieser Vorschlag wurde aber von der Bevölkerung abgelehnt.*

A2 Wie wirkt die Verwendung des Tell-Motivs auf Sie? Diskutieren Sie im Plenum die Nutzung Tells für Konsum und Politik und beziehen Sie sich dabei auf die beiden obigen Plakate. Über folgende Aspekte sollten Sie sich im Verlauf der Diskussion austauschen:

Intertextualität | Profanisierung | Banalisierung | Identität | Werbung | Instrumentalisierung | kulturelle Anspielung

A3 Stellen Sie sich vor, Friedrich Schiller könnte diese Plakate sehen. Was würde er sich wohl denken?
Versetzen Sie sich in seine Situation und formulieren Sie aus seiner Sicht entweder einen **inneren Monolog** oder **einen Brief** an die zuständige Werbeagentur eines der beiden Plakate. (ca. 200 Wörter)

3. Die Handlung und die erzählte Welt erfassen

a) Was passiert? – wesentliche Handlungsschritte erfassen

A1 Was ist überhaupt passiert? Notieren Sie die Handlungsschritte des Romans *Tell*, die Ihnen einfallen. Auf die exakte Chronologie müssen Sie an dieser Stelle noch nicht achten.

A2 Bereiten Sie eine mündliche strukturierte Zusammenfassung der Handlung vor.

A2.1 Tauschen Sie sich dazu in einer Kleingruppe zunächst darüber aus, welche Handlungsschritte wichtig sind.

A2.2 Bereiten Sie zusammen eine Pecha-Kucha-Präsentation vor, mit der Sie die Handlungsschritte darlegen.

Methode: Die Pecha-Kucha-Präsentation

Eine Pecha-Kucha-Präsentation ist eine stark reglementierte Vortragsform, die aus genau 20 Folien besteht. Für jede Folie wird lediglich ein Bild ausgewählt/erstellt, das den Inhalt besonders gut verdeutlicht. Jede Folie wird genau 20 Sekunden präsentiert, sodass die Präsentation nach 6:40 Minuten zu Ende ist.
Eine solche Präsentation basiert also auf insgesamt 20 Bildern, die das Thema visualisieren. Text ist auf den Folien verboten. Der Vortrag muss frei gehalten werden.

Tipps zum Vorgehen:

- Nutzen Sie bei der Präsentation den automatischen Wechsel nach 20 Sek.
- Bevor Sie mit deren Erstellung beginnen, überlegen Sie ausgehend von **A2.1** gemeinsam, wie genau die einzelnen Handlungsschritte erklärt werden müssen, welche Sie zusammenziehen können und welche Bilder sich zur Visualisierung eignen.
- Teilen Sie die Erstellung und Präsentation der Folien innerhalb Ihrer Gruppe auf.
- Üben Sie Ihren Vortrag. Dafür können Sie natürlich zunächst mit den Stichpunkten aus den Aufgaben **A1** und **A2.1** arbeiten. Dabei hilft auch der Pecha-Kucha-Timer, den Sie als App auf Ihrem Smartphone installieren können.
- Von Ihrer Arbeitszeit müssen Sie noch 10 Minuten reservieren, die Sie am Ende zur gegenseitigen Präsentation nutzen. Im Anschluss geben Sie sich Feedback, um Ihre einzelnen Beiträge zu optimieren.

A3 Welche Schwierigkeiten hatten Sie bei der Bewältigung der Aufgaben **A1** und **A2**? Wie haben Sie diese gelöst?
Reflektieren Sie mithilfe der folgenden Aspekte, wie die besondere Erzählweise des Romans die Zusammenfassung und Präsentation der Handlungsschritte erschwert hat.

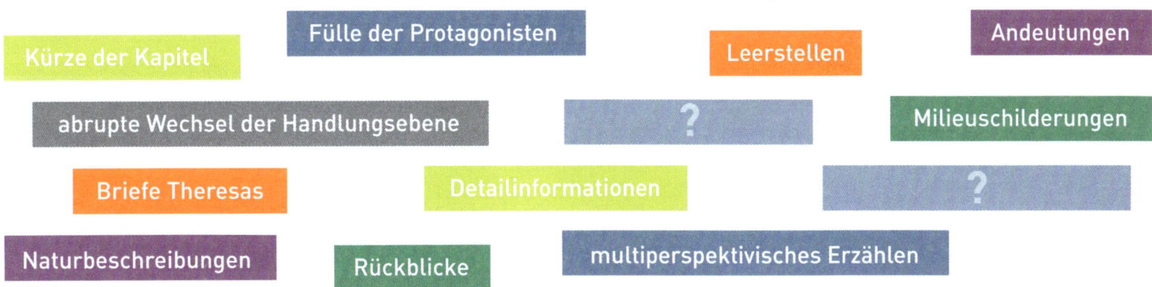

b) Worum geht es eigentlich? – das Hauptthema eines Textes bestimmen

A1 Worum geht es eigentlich in *Tell*? Was ist das Thema? Notieren Sie Ihre erste Assoziation.

A2 Lesen Sie sich die folgenden Themennennungen durch.

A2.1 Streichen Sie die unpassenden und kreisen Sie maximal fünf „Top-Themen“ ein.

A2.2 Vergleichen Sie zu zweit Ihre jeweilige Auswahl. Begründen Sie dabei Ihre Einschätzungen mithilfe von Textbeispielen. Einigen Sie sich abschließend auf drei gemeinsame „Top-Themen“, die Sie dann der gesamten Lerngruppe vorstellen.

A3 Der Autor hat dem Roman ein Zitat aus der Egilssaga vorangestellt. Zudem überschreibt er jedes Großkapitel mit einem Zitat.

A3.1 Lesen Sie diese Zitate und fassen Sie sie zusammen. Berücksichtigen Sie dabei auch die Frage, ob es thematische Gemeinsamkeiten/Bezüge zwischen den einzelnen Zitaten gibt.

A3.2 Beschreiben Sie die Funktion und Wirkung dieser Zitate.

A3.3 Diskutieren Sie, inwiefern diese Zitate eine bestimmte Lesart des Romans bewirken.

Unter dem **QR-Code** [12501-14] finden Sie die Textstellen, an denen die Zitate vorkommen.

A4 Der Verlag plant eine Medienkampagne zu *Tell*. Gestalten Sie dafür einen digitalen Buchtrailer, der die wesentlichen Themen *Tells* aufgreift und umsetzt. (Dauer: 1-2 Min.)

c) Wie wird die Geschichte erzählt? – Erzählinstanz und Zeitgestaltung untersuchen

A1 Bei der Zusammenfassung der Handlung sind Sie bereits auf Besonderheiten des Erzählens gestoßen, die Sie nun genauer untersuchen sollen.

A1.1 Ergänzen Sie dafür zuerst den Satzanfang zu Ihrem ersten Eindruck bezüglich der Erzähltechnik des Romans:

Am eindrücklichsten in der Erzähltechnik ist für mich, dass Tell …

A1.2 Bei der genauen Analyse hilft Ihnen ein Notizzettel eines Schülers, dessen Befunde Sie zunächst überprüfen und ggf. richtigstellen müssen. Arbeiten Sie analog oder **digital**.

click & study 12501-56a+b

	richtig	falsch
Tell wird von vielen Ich-Erzählern multiperspektivisch erzählt.		
Die Erzähler sind gleichzeitig auch Figuren und stehen innerhalb der Handlung (= homodiegetisch).		
Es gibt nur Außensicht (= externe Fokalisierung).		
Größtenteils wird chronologisch erzählt, aber es gibt auch vereinzelt kurze Rückblicke und auch Vorausdeutungen, die für anachronisches Erzählen sprechen.		
Die Darstellungsweise des Romans ist die erlebte Rede.		
Zeitgestaltung 1:		
Zeitgestaltung 2:		

A1.3 Ergänzen Sie in der Tabelle in **A1.2** zwei korrekte Aussagen zur Zeitgestaltung.

Nutzen Sie zur Unterstützung die Information unter dem **QR-Code** [12501-15] zur Zeitgestaltung von literarischen Texten.

12501-15

A1.4 Welche Wirkung ergibt sich aus den erzähltechnischen Besonderheiten des Romans? Analysieren Sie schriftlich die Gestaltung der Erzählinstanz und der Zeit, indem Sie zu den einzelnen Befunden aus **A1.2** passende Textbeispiele suchen und damit die Wirkung erläutern. (ca. 400 Wörter)

Wenn Sie Probleme mit der Analyse der Gestaltung der Erzählinstanz und der Zeit haben, können Sie je nach Bedarf auf verschiedene Hilfen zurückgreifen:
Unter dem **QR-Code** [12501-16] finden Sie geeignete Textbeispiele mit kurzen Erläuterungen.
Im **QR-Code** [12501-17] finden Sie Impulse, um die Wirkung zu erläutern.
Im **QR-Code** [12501-18] finden Sie den beispielhaften Beginn einer Analyse, der Ihnen den Weg ins Schreiben erleichtert.

12501-16

12501-17

12501-18

A2 In einem Interview kommentiert der Autor die Erzähltechnik seines Romans.

A2.1 Lesen Sie im **QR-Code** [12501-19] diesen Auszug aus dem Interview und markieren Sie darin Aspekte, die Sie bereits in Ihrer Analyse aufgegriffen haben, in einer Farbe und neue Aspekte in einer anderen Farbe.

A2.2 Ergänzen Sie Ihren Analysetext mit mindestens einem Aspekt aus dem Interview, auf den Sie dann entweder direkt oder indirekt verweisen.

A3 Eine Schwierigkeit beim multiperspektivischen Erzählen liegt darin, dass die Leserin und der Leser die vielen auftretenden Figuren, die gleichzeitig als Erzählinstanzen auftreten, unterscheiden muss.
Sammeln Sie in einem Cluster Beispiele aus *Tell* dafür, wie Joachim B. Schmidt versucht, die Unterscheidbarkeit der Figuren bzw. Erzählinstanzen zu gewährleisten.

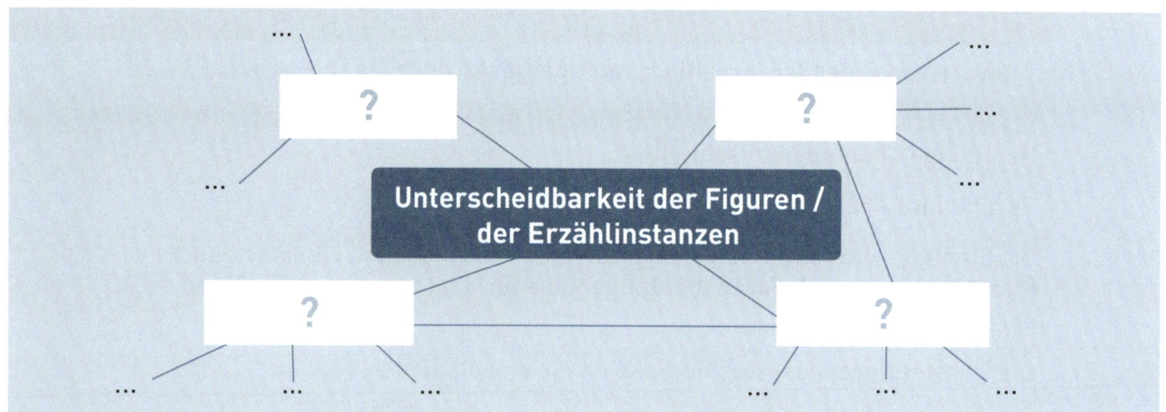

A4 In einer Diskussion sagt eine Schülerin:

„Joachim B. Schmidt gelingt es, den auftretenden Figuren jeweils eine ‚eigene Stimme' zu verleihen."

A4.1 Wie sehen Sie das? Untersuchen Sie in Absprache mit Ihrer Arbeitspartnerin bzw. Ihrem Arbeitspartner die sprachliche Gestaltung Gesslers oder Harras´ (vgl. die Seiten 20 bis 25), indem Sie Auffälligkeiten im Text markieren bzw. exzerpieren.

Hier finden Sie für die Aufgabe einschlägige Fachbegriffe zur sprachlichen Gestaltung: Wortfeld • Exklamation • Frage • Vergleich • Sprachstil • Sentenz • Ellipse • Repetitio • Anapher • Enumeratio • Metapher

A4.2 Präsentieren Sie sich gegenseitig Ihre Ergebnisse und überprüfen Sie abschließend die These der Schülerin oben mit konkreten Textbeispielen.

A5 Wie gefällt Ihnen diese Art des Erzählens? Bewerten und begründen Sie Ihre Einschätzung.

d) Die Kunst der Andeutung – anachronisches Erzählen entdecken und deuten

A1 Bereits im vorherigen Kapitel haben Sie sich mit der Zeitgestaltung auseinandergesetzt. Nun sollen Sie sich genauer mit dem anachronischen Erzählen beschäftigen. Ein Merkmal des anachronischen Erzählens ist der Einsatz von Analepsen.

Info

Eine **Analepse** ist die nachträgliche Erwähnung eines Ereignisses, das innerhalb der Geschichte zu einem früheren Zeitpunkt stattgefunden hat als dem, den die Erzählung bereits erreicht hat.

A1.1 Sammeln Sie Analepsen im *Tell*.

Sie haben nicht genau genug gelesen? Im **QR-Code** [12501-20] finden Sie verschiedene Beispiele.

A1.2 Welche Deutungshypothese trifft zu? Entscheiden Sie hier im Heft oder **digital**. Begründen Sie Ihre Auswahl mit Textbeispielen.

click & study 12501-57

	richtig	falsch
Die Analepsen beschäftigen sich alle mit Tells Vergangenheit.		
Die Analepsen thematisieren mosaikartig die Vergangenheit und erlauben so eine vertiefte Figurenzeichnung.		
Die Analepsen sind bruchstückhafte Ausschnitte und Erinnerungen einzelner Momente, die für die einzelnen Figuren oft lebensbestimmend sind.		
Die Analepsen wirken spannungsmindernd, da sie eine Art Pause in Bezug auf die Handlungsabfolge darstellen und so den Lesenden Zeit geben, diese zu verarbeiten.		
Nicht alle Analepsen sind sofort entschlüsselbar, manchmal ergibt sich ihr Sinn erst im Nachhinein.		

A1.3 Erläutern Sie ausgehend von Ihren Ergebnissen in **A1.1** und **1.2**, welche Funktion und Wirkung die Analepsen für den Roman haben.

A2 Das aktuelle Thema des sexuellen Missbrauchs hat Joachim B. Schmidt fast nur mit Analepsen in den Roman integriert. An welcher Stelle haben Sie gemerkt, dass Tell ein Missbrauchsopfer war?

A2.1 Notieren Sie die Textstelle, die für Sie der entscheidende Hinweis war.

A2.2 Stellen Sie eine Vermutung darüber an, warum der Autor das Thema auf diese Art und Weise vermittelt hat. Denken Sie dabei auch an die Wirkung dieses Verfahrens.

Für den besseren Überblick finden Sie im **QR-Code** [12501-21] alle Textstellen zum Thema „sexueller Missbrauch“.

A 2.3 An einigen Stellen wird das Thema Missbrauch anders vermittelt. Lesen Sie die Stellen noch einmal im Kontext nach und beschreiben Sie, wie hier deutlich gemacht wird, dass Tell bzw. Pfarrer Loser missbraucht wurden.

„Einfach so weit weg vom alten Pfaff wie nur möglich, hörst du?"
„Vater Loser?"
„Nicht mal in die Nähe!" (S. 99)

Etwas stimmt mit dem Mann nicht. (S. 100)

Ich möchte ihn in die Arme schließen, möchte ihn trösten, aber ich kann nicht, darf nicht. Ich werde mich hüten, ihn auch nur anzufassen. (S. 201)

A 2.4 An einer Stelle beginnt Pfarrer Taufer über den Missbrauch folgendermaßen zu sprechen:

„Die Erinnerungen tauchen auf wie tote Fische." (S. 202)

Interpretieren Sie diesen Satz, indem Sie auch dessen sprachliche Gestaltung in den Blick nehmen. (ca. 100 Wörter)

A 2.5 Fazit: Was fällt Ihnen hinsichtlich der Darstellung des Missbrauchs selbst und der Täterperspektive auf? Vergleichen Sie dahingehend noch einmal alle Textstellen (vgl. Hilfe zu **A 2.2**) und erläutern Sie Ihren Befund.

A 2.6 Schmidt hat die aktuelle Missbrauchsthematik mit dem literarischen Stoff des Wilhelm Tell verknüpft. Ist das legitim? Sinnvoll? Gelungen?
Positionieren Sie sich auf der Positionslinie und diskutieren Sie gemeinsam in der Lerngruppe darüber.

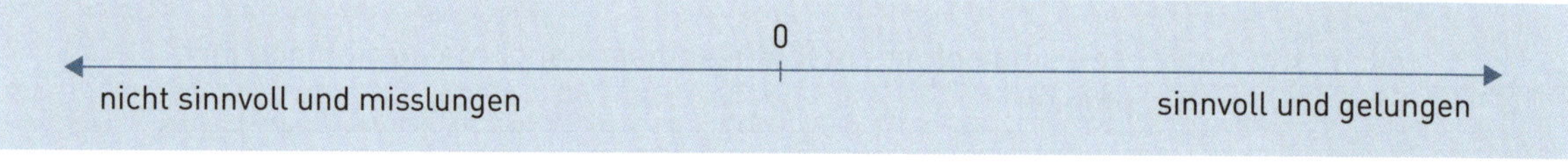

A 3 Eine weitere Möglichkeit, Andeutungen zu äußern, sind Prolepsen.

Info

Mit einer **Prolepse** wird ein späteres Ereignis entweder explizit angekündigt, verraten oder als Vermutung oder Erwartung weckender Hinweis erzählt. Die implizite Vermittlung kann häufig erst im Nachhinein, d. h. wenn das Ereignis in der Lektüre tatsächlich eintritt, erschlossen werden.

A 3.1 Sind Ihnen beim Lesen Prolepsen aufgefallen? Schlagen Sie noch einmal nach und markieren Sie sie im Roman.

A 3.2 Erläutern Sie die Wirkung und Funktion von Prolepsen in literarischen Texten. Bringen Sie dabei auch Ihr Wissen aus Serien und Filmen ein.

e) Mehr als nur ein Schauplatz – die Gestaltung des Raums untersuchen

A1 Sammeln Sie in einem Cluster die Schauplätze und Räume, die in *Tell* vorkommen.

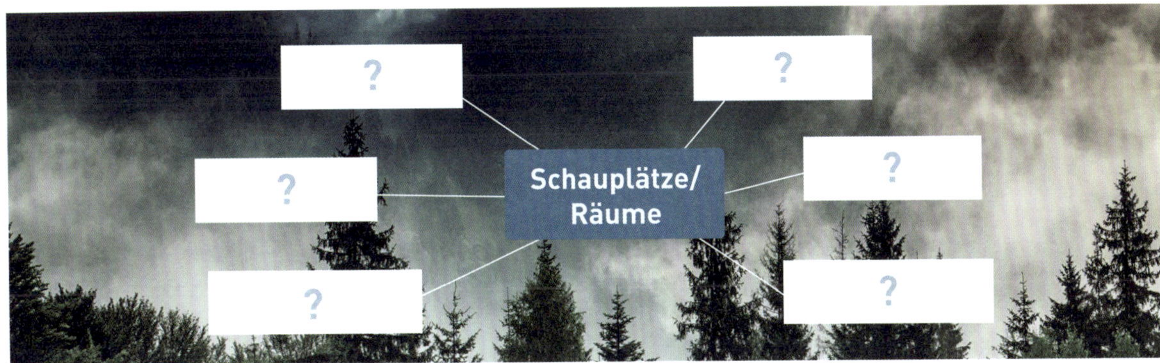

A2 Einen wichtigen Platz nimmt in *Tell* der Naturraum der Alpen ein. Fast alle Figuren positionieren sich deutlich zur Natur und viele Szenen finden dort statt.

A2.1 Wählen Sie einen Auszug aus einem Musikstück aus, das die Atmosphäre einer oder mehrerer Szenen, die in den Alpen spielen, widerspiegelt. Alle Musikstile sind hierbei erlaubt.

A2.2 Präsentieren Sie diesen Auszug Ihrer Lerngruppe und begründen Sie Ihre Wahl mit passenden Zitaten, die Sie auch kurz erläutern. (Präsentationslänge: ca. 3 – 5 Min.)

A3 Analysieren Sie die Raumstruktur am Beispiel des Naturraums der Alpen und integrieren Sie dabei auch sprachliche Befunde. (ca. 300 Wörter)

> **+** Wenn Sie Unterstützung brauchen, finden Sie unter dem **QR-Code** [12501-22] Informationen zur Untersuchung der Raumstruktur und im **QR-Code** [12501-23] Textstellen mit auffälligen sprachlichen Mitteln.
>
> 12501-22 12501-23

A4 Diskutieren Sie, inwiefern das folgende Zitat, das auch Kapitel 5 vorangestellt ist und damit fast genau die Mitte des Romans darstellt, als eine Art Motto gelten könnte.

> „Die Alpen sind kolossal, aber die Welt, in der wir uns bewegen, ist winzig klein." (S. 145)

A5 „Winter is coming" – an mehreren Stellen wird deutlich, dass der Winter kurz bevorsteht bzw. schon hereinbricht.
Erläutern Sie, welche Wirkung diese Jahreszeit im Kontext des Romans entfaltet.

A6 Im erzählten Raum spielen reale und fantastische Figuren eine wichtige Rolle.

A6.1 Sammeln Sie zunächst tabellarisch Zitate zum Motiv des **Bären** sowie zu den **Eishexen**.

> **+** Was ein Motiv ist, können Sie unter dem **QR-Code** [12501-24] nachlesen.
>
> 12501-24

A6.2 Gestalten Sie eine Text-Bild-Collage zu einem der beiden Motive, in der sie auch den Naturraum visualisieren. Integrieren Sie passende und aussagekräftige Zitate aus **6.1**.

» 4. Die Figurengestaltung untersuchen

AUFGABEN NACH DEM LESEN BEARBEITEN

a) Welche Figuren kommen vor? – mit dem Personenverzeichnis arbeiten bzw. die Figurenkonstellation erstellen

A 1 In den meisten Dramen gibt es ein Figurenverzeichnis, so auch bei Schillers *Tell*. Erklären Sie die Funktion eines solchen Figurenverzeichnisses.

Personen

HERMANN GESSLER,
Reichsvogt in Schwyz und Uri

WERNER, FREIHERR VON ATTINGHAUSEN,
Bannerherr

ULRICH VON RUDENZ,
sein Neffe

Landleute aus Schwyz:
WERNER STAUFFACHER
KONRAD HUNN
ITEL REDING
HANS AUF DER MAUER
JÖRG IM HOFE
ULRICH DER SCHMIED
JOST VON WEILER

aus Uri:
WALTHER FÜRST
WILHELM TELL
RÖSSELMANN, DER PFARRER
PETERMANN, DER SIGRIST
KUONI, DER HIRTE
WERNI, DER JÄGER
RUODI, DER FISCHER

aus Unterwalden:
ARNOLD VOM MELCHTHAL
KONRAD BAUMGARTEN
MEIER VON SARNEN
STRUTH VON WINKELRIED
KLAUS VON DER FLÜE
BURKHARDT AM BÜHEL
ARNOLD VON SEWA

PFEIFER VON LUZERN
KUNZ VON GERSAU
JENNI,
Fischerknabe

SEPPI,
Hirtenknabe

GERTRUD,
Stauffachers Gattin

HEDWIG,
Tells Gattin, Fürsts Tochter

BERTHA VON BRUNECK,
eine reiche Erbin

Bäuerinnen:
ARMGARD
MECHTHILD
ELSBETH
HILDEGARD

Tells Knaben:
WALTHER
WILHELM

Söldner:
FRIESSHARDT
LEUTHOLD

RUDOLF DER HARRAS,
Gesslers Stallmeister

JOHANNES PARRICIDA,
Herzog von Schwaben

STÜSSI,
der Flurschütz

DER STIER VON URI

EIN REICHSBOTE

FRONVOGT

MEISTER STEINMETZ, GESELLEN und HANDLANGER

ÖFFENTLICHE AUSRUFER

BARMHERZIGE BRÜDER

GESSLERISCHE UND LANDENBERGISCHE REITER

VIELE LANDLEUTE, MÄNNER und WEIBER
aus den Waldstätten

A 2 In Romanen sind solche Übersichten eher die Ausnahme, auch Joachim B. Schmidt hat für *Tell* keines angefertigt.
Diskutieren Sie, was für und was gegen ein solches Figuren-/Personenverzeichnis in Romanen und im Besonderen bei *Tell* spricht.

A 3 Erstellen Sie das fehlende Figurenverzeichnis, in dem Sie alle Figuren auflisten und mit einem prägnanten Satz wie im Beispiel charakterisieren.

Figurenverzeichnis

Hedwig: wegen Schicksalsschlag nun Frau Wilhelm Tells, die unter seiner grimmigen Art oft leidet und sich um die Familie sorgt.

A4 Entscheiden Sie anschließend, in welcher Reihenfolge Sie die Figuren in Ihrem Figurenverzeichnis anordnen und/oder zu Gruppen zusammenfassen können, und begründen Sie Ihre Entscheidung.

Zur Kontrolle, ob Sie alle Figuren berücksichtigt haben, finden Sie im **QR-Code** [12501-25] eine Übersichtsdatei, die die Auftritte der Figuren je Kapitel auflistet.

A5 Sie haben sich nun schon ausführlich mit den auftretenden Figuren beschäftigt. Aber wie stehen die einzelnen Figuren(gruppen) eigentlich zueinander?
Visualisieren Sie diese Beziehungen in einer Figurenkonstellation.

TIPP Berücksichtigen Sie hier Ihre Ergebnisse aus den Aufgabe **A3** und **A4**.

Unter dem **QR-Code** [12501-26] finden Sie – wenn nötig – eine Erklärung zur Erstellung einer Figurenkonstellation.

A6 Wer ist eigentlich Ihre Lieblingsfigur? Und warum? Wie stellen Sie sich diese vor? Suchen Sie im Internet ein Foto, das Ihren Vorstellungen entspricht, und stellen Sie davon ausgehend Ihre Lieblingsfigur Ihrer Lerngruppe vor. Denken Sie in Ihrer Kurzpräsentation (ca. 3 Min.) auch daran, Textbelege in Ihre Charakterisierung zu integrieren und Ihre Wahl zu begründen.

Auch der Autor hat Lieblingsfiguren – sind Sie neugierig, welche? Dann lesen Sie doch einfach unter dem **QR-Code** [12501-27] im Interview mit Joachim B. Schmidt nach.

b) Wilhelm Tell – den Protagonisten charakterisieren

A1 Erklären Sie, was erzähltechnisch das Besondere an der Darstellung des Protagonisten Wilhelm Tell ist und welche Wirkung diese Entscheidung des Autors hat.

A2 Wer ist Tell? Wie verhält er sich? Wie wirkt er auf Sie als Leserin / Leser?

A2.1 Positionieren Sie sich auf den Skalen unten.

A2.2 Diskutieren Sie Ihre Einschätzung mit Ihrer Lerngruppe, indem Sie das Zutreffende und das Nicht-Zutreffende auch mithilfe konkreter Textstellen erläutern.

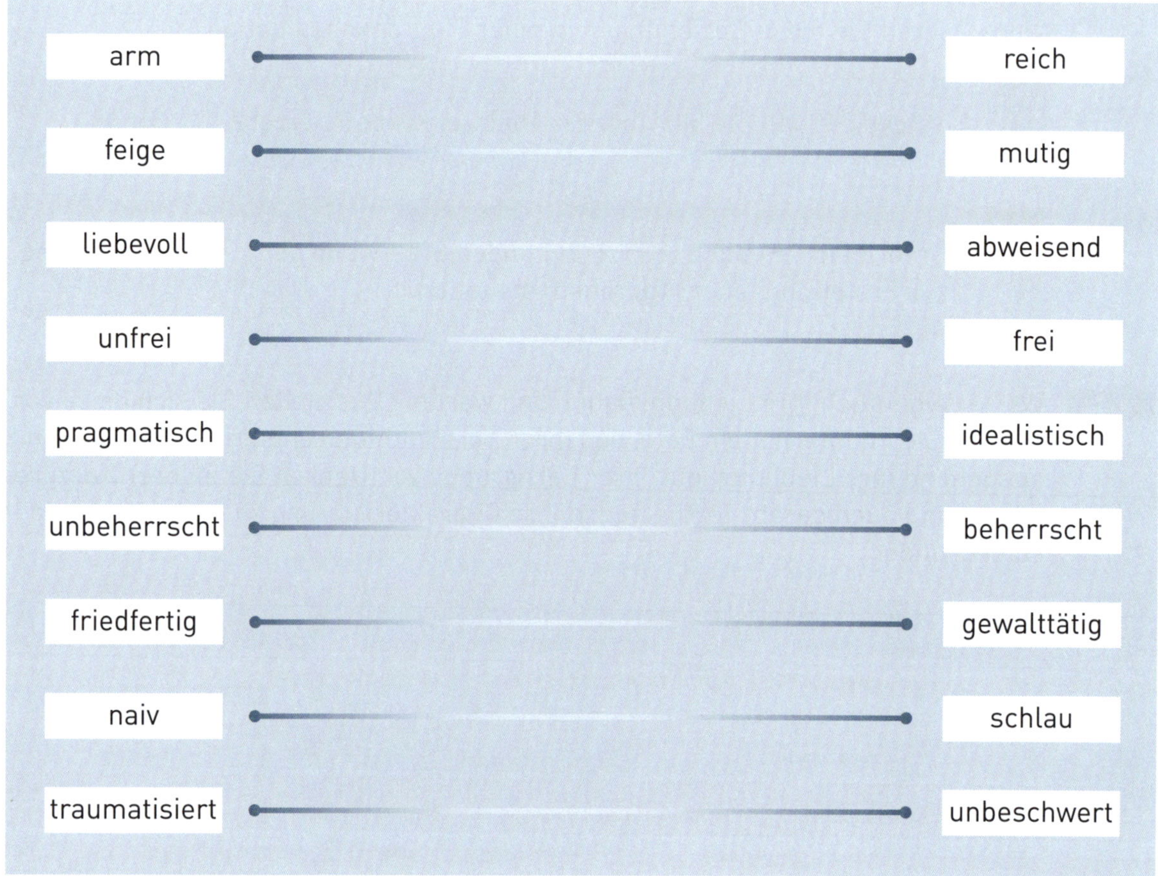

A3 Protagonisten lösen beim Lesen auch immer Gefühle und Urteile aus. Wie geht es Ihnen mit der Tell-Figur Schmidts?
Kreuzen Sie diejenigen Gefühle an, die Sie gegenüber der Hauptfigur empfinden.

☐ Mitgefühl	☐ Sympathie	☐ Verständnis	☐ Nähe
☐ Wut	☐ Abscheu	☐ innere Distanz	☐ Mitleid
☐ Hass	☐ Unsicherheit	☐ Unverständnis	☐ Traurigkeit
☐ Anerkennung	☐ Ablehnung	☐ Ablehnung	☐ Verzweiflung
☐ Respekt	☐ Verwunderung	☐ Antipathie	☐ Bewunderung

A4 Verfolgen Sie nun Tells Lebensweg von der Kindheit bis zu seinem Tod.

A4.1 Notieren Sie die wichtigsten Etappen und belegen Sie diese mit passenden Textstellen.

A4.2 Gestalten Sie dann einen Hefteintrag, der mit verschiedenen visuellen Elementen arbeitet, um die Stationen Tells zu veranschaulichen.

Sie sehen hier grafische Elemente, die Sie nutzen können, um den Lebensweg darzustellen. Wie Sie damit und weiteren Mitteln eine Skizze erarbeiten können, können Sie unter dem **QR-Code** [12501-28] nachlesen.

12501-28

A5 Wilhelm spricht erst im 8. Kapitel selbst; bis dahin wird er nur durch die Wahrnehmung Anderer bzw. durch seine Taten charakterisiert. Ergänzen Sie an einer der folgenden Stellen einen inneren Monolog Wilhelms, um sein Innenleben zu verdeutlichen.

- Walter sieht den Bären. (vgl. S. 11-12)
- Walter zerstört Wilhelms Armbrust. (vgl. S. 38 f.)
- Wilhelm nach dem Tod Grosi Maries. (vgl. S. 92-106)
- Wilhelm trifft in den Bergen auf Gessler und Harras. (vgl. S. 20-28)
- Wilhelm entkommt den Habsburgern. (vgl. S. 198)
- Wilhelm vor und nach dem Apfelschuss (vgl. S. 173-174)

A6 So war Wilhelm! Wählen Sie eine der folgenden drei Aufgaben:

- ☐ Stellen Sie sich vor, Vater Taufer gestalte einen Gedenkgottesdienst für Wilhelm Tell. Schreiben Sie die Predigt, die er dort Ihrer Meinung nach halten sollte, um das Leben Tells zu würdigen.
- ☐ Auch Walter denkt oft an seinen verschwundenen Vater, v. a. wenn er in den Bergen wandert. Schreiben Sie einen inneren Monolog, in dem Walters Vaterbild und seine Bewertung der Tell-Figur deutlich werden.
- ☐ Stellen Sie sich vor, Sie könnten Wilhelm zu seinem Lebensweg, seinen Entscheidungen und seiner Entwicklung befragen. Welche Fragen würden Sie ihm gerne stellen? Und was würde er wohl antworten?

Formulieren Sie ein fiktives Interview mit Wilhelm Tell mit mindestens fünf Fragen.

c) „Ich bin bereit" – die Entwicklung Walters nachvollziehen

A1 In Schillers *Wilhelm Tell* spielt Tells Sohn Walter nur eine untergeordnete Rolle, in Schmidts *Tell* erhält die Erzählstimme Walters mit 20 Kapiteln den anteilsmäßig größten Raum.
Stellen Sie Mutmaßungen dazu an, warum das so ist und was sich dadurch ändert.

A2 Lesen Sie nochmals die Walter-Kapitel und markieren Sie sich in jedem ein Zitat, das Ihrer Meinung nach den Charakter Walters besonders gut verdeutlicht.

TIPP Eine alternative Aufgabenstellung, die das Lesepensum für den Einzelnen reduziert, finden Sie im **QR-Code** [12501-29].

A3 Tauschen Sie sich in einer Kleingruppe über Ihre Zitatwahl aus und einigen Sie sich jeweils auf ein Zitat pro Kapitel. Erstellen Sie daraus mit Ihrem Handy eine Audioaufnahme, die Walter charakterisieren soll und bei der Sie folgende Techniken einsetzen/umsetzen sollten.

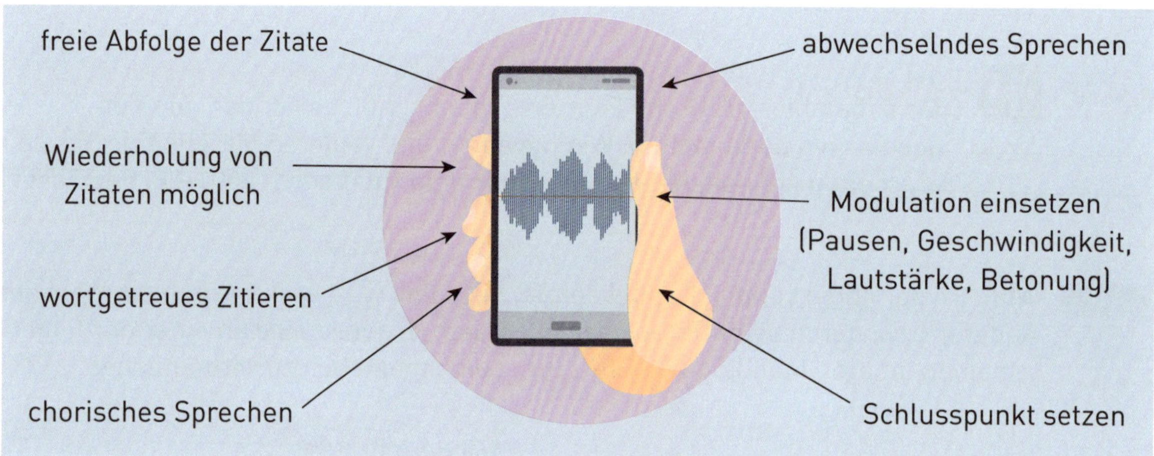

A4 Präsentieren Sie Ihre Aufnahmen und bewerten Sie gegenseitig die entstandenen Produkte mithilfe der folgenden Redemittel.

Besonders gelungen fand ich die ...

Durch ... habt ihr es geschafft, ... hervorzuheben

Ich finde, dass ihr mit eurer Aufnahme v. a. ... Walters herausgestellt habt

Meiner Ansicht nach wäre es wichtig gewesen, den Aspekt von ... deutlicher in den Vordergrund zu rücken ...

Im Vergleich mit dem vorangegangenen Beispiel fällt auf, dass ...

Interessant fand ich, dass ihr das Zitat „..." so oft wiederholt habt / wie ihr das Zitat „..." verwendet habt, denn ...

A5 Wie würden Sie das Verhältnis „Walter – Tell" beschreiben? In einer Schulklasse ist folgende Wortwolke dazu entstanden.
Wählen Sie passende Beschreibungen aus und belegen Sie diese mit Textstellen.

A6 Stellen Sie Walter die heutigen digitalen Möglichkeiten zur Verfügung und erstellen Sie für alle Walter-Kapitel einen Instagram-Post nach dem vorliegenden Muster. Nutzen Sie dabei auch Ihre Erkenntnisse aus den vorangegangenen Aufgaben.

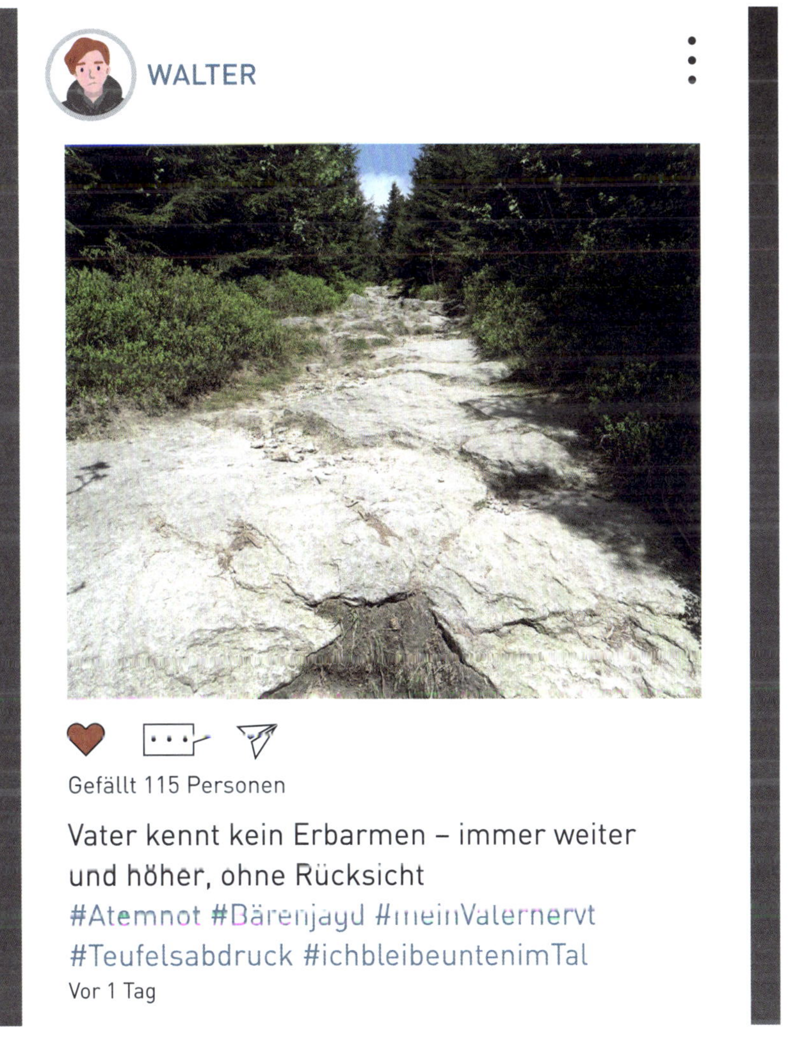

A7 Ist *Tell* eigentlich ein Entwicklungsroman? Diskutieren Sie darüber mit Ihrer Lerngruppe.

Im **QR-Code** [12501-30] finden Sie eine Definition zu diesem Begriff.

d) „Mein Leben lang bin ich eine brave Frau gewesen“ – Frauenfiguren untersuchen

A1 Fassen Sie in eigenen Worten zusammen, wie die Germanistin Kyeonghi Lee in ihrer Doktorarbeit die Rolle der Frauen in *Wilhelm Tell* analysiert.

„[...] die weiblichen Figuren [treten] in *Wilhelm Tell* einen Schritt hinter die männlichen Gestalten zurück. Ihnen wird nicht die Gelegenheit gegeben, sich unmittelbar an der Ausführung des Kampfes zu beteiligen. „Die Verschleierung oder Verstellung von weiblicher Produktivität in den vergangenen Jahrhunderten, in denen die Männer die Kulturszene manipulierten, findet hier ein deutliches Beispiel.“ Es steht jedoch außer Zweifel, dass der aktive Anteil der Frauen im Drama *Wilhelm Tell* nicht übersehen werden kann. Edith Braemer hebt im Drama die Fähigkeit der weiblichen Gestalten zum selbständigen Denken und Handeln hervor. Ausnahme bleibt Tells Frau Hedwig, die der traditionellen Rolle der Mutter und Hausfrau verhaftet ist. Aber Frauen wie Gertrud Stauffacher, Bertha und Armgart bleiben nicht in der Rolle der passiven Zuschauer, sie tragen entscheidend dazu bei, Befreiungsakte zu entwickeln. Vor allem Gertrud und Bertha treten in der dramatischen Handlung deutlich als die Vertreter der politischen Befreiungsidee auf, indem sie den Geist des Widerstandes gegen die gewalttätige Fremdherrschaft vertreten.“

A2 Welche Rolle spielen eigentlich die Frauenfiguren in Schmidts *Tell*?
Verteilen Sie die Frauenfiguren Hedwig – Aloisa – Grosi Marie – Frau Furrer in Ihrer Lerngruppe und stellen Sie arbeitsteilig in Einzelarbeit fest, wodurch sich jede auszeichnet.

Machen Sie dazu Markierungen im Text und Notizen zu **Aussehen**, **Eigenschaften**, **Verhalten**, **Weltsicht** Ihrer Figur.

A3 Formulieren Sie in Einzelarbeit eine Deutungshypothese zu Ihrer Figur.

A4 Diskutieren Sie Ihre Ergebnisse im Anschluss in Ihrer „Figuren-Gruppe“, und einigen Sie sich dabei auf eine gemeinsame Deutungshypothese.

A5 Inszenieren Sie in Ihrer Lerngruppe ein Rollenfoto Ihrer Figur, das Ihre Deutungshypothese mit visuellen Mitteln umsetzt. Ihr Foto kann schwarz-weiß oder farbig sein und auch digital bearbeitet werden.

Hilfen zur Inszenierung und zur konkreten Umsetzung des Rollenfotos erhalten Sie unter dem **QR-Code** [12501-31].

A6 Präsentieren Sie Ihr Rollenfoto und erläutern Sie damit Ihre Deutungshypothese.
Nutzen Sie dabei auch geeignete Textstellen.

A7 Ergänzen Sie den Textauszug aus **A1** um eine Aussage zu den Frauenfiguren in *Tell* in Form einer figurenübergreifenden Deutungshypthese. Berücksichtigen Sie die Ergebnisse der Präsentation und die einschlägige Textstelle von S. 242 ff.

e) Die Habsburger I – verschiedene Facetten Gesslers entdecken

A1 Wie wirkt Gessler auf Sie?

12501-58

Stimmen Sie **digital** ab und tauschen Sie sich im Anschluss über das Ergebnis aus. Denken Sie in Ihrer Diskussion daran, die unterschiedlichen Einschätzungen mithilfe des Romantextes zu belegen.

In der Abstimmung werden Ihnen folgende Eigenschaften zur Auswahl angeboten:

mächtig • gebildet • unglücklich • bösartig • gewalttätig • sensibel • abhängig

A2 In einer Inszenierung von Schillers *Wilhelm Tell* am Düsseldorfer Schauspielhaus 2023 wird Gessler wie auf den Fotos zu sehen interpretiert.
Entsprechen die beiden Szenenfotos Ihrer Vorstellung und Wahrnehmung Gesslers? Beurteilen und begründen Sie, ob diese Interpretation Gesslers auch für den Roman *Tell* passend ist.

Inszenierung am Düsseldorfer Schauspielhaus, 2023, Regie: Roger Vontobel

Heiko Raulin als Reichsvogt Gessler

A3 Erstellen Sie in einer Kleingruppe nun selbst ein Standbild, das Gessler in einer typischen Haltung zeigt.

A4 Schauen Sie die unter dem **QR-Code** [12501-32] drei weitere Szenenfotos an, die das Verhältnis „Tell – Gessler" darstellen, und benennen Sie die Aspekte, die dabei deutlich werden.

12501-32

A5 Welche der Fotografien finden Sie am gelungensten? Begründen Sie Ihre Meinung auch mithilfe von Textbelegen.

A6 Formulieren Sie abschließend eine Deutungshypothese zur Figur Gessler.

f) Die Habsburger II – Harras

A1

12501-59a+b

„Weißt du überhaupt, wer ich bin?" (S. 120)

Lesen Sie in der **digitalen** Fassung der Aufgabe alle Zitate über Harras und **markieren** Sie das Zitat, das Ihren Leseeindruck am besten einfängt und **begründen** Sie Ihr Urteil.

- ☐ „Er stinkt nach Schweiß und Wein." (S. 30)
- ☐ „Wie ich diese Bauernbrut hasse! Diese behaarten Fotzen ekeln mich an." (S. 58)
- ☐ „Angeber. (S. 124)"
- ☐ „Es bewährt sich, wenn ich Buben bekomme, die noch feucht hinter den Ohren sind. Ich kann sie formen und kneten wie Teig." (S. 58)
- ☐ „Er versteht sich ausgezeichnet mit den Männern, auch wenn er manchmal brutal mit ihnen umgeht. Sie respektieren ihn." (S. 122)

A2 Harras wird von seinem Umfeld durchaus unterschiedlich wahrgenommen. Untersuchen Sie diese verschiedenen Beziehungen. Wählen Sie dazu eine der drei folgenden Aufgaben.

(A) Stellen Sie sich vor, die Juppjupp, Häsi und Raab unterhalten sich über Harras. Schreiben Sie diesen Dialog.

(B) Lassen Sie Gessler, Juppjupp, Häsi oder Raab über Harras erzählen. Überlegen Sie sich dabei auch einen geeigneten Adressaten und wählen Sie eine passende Form (Gespräch, Monolog, Brief).

(C) An einer Stelle im Roman ist Gessler kurz davor, Harras mit seinem Urteil zu konfrontieren, aber er bricht ab und verstummt. Setzen Sie die Textstelle fort:

„Harras!", entfährt es mir. Ich habe ihn so satt! „Harras, wenn Sie ... "

A3 Erstellen Sie eine Figurenkonstellation, in der das komplexe Gefüge der Habsburger Machtverhältnisse in der Schweiz Tells sichtbar wird.

+ Folgende Figuren sollten in der Figurenkonstellation integriert werden:
Gessler • Harras • von Emmen • Raab • Juppjupp • Häsi • Strobl • Mandl • Klopfenstein • Zechner • Resch Friesshardt • Sägebarth • Bergbauern

TIPP Denken Sie daran, dass es auch möglich ist, einzelne Figuren in Gruppen zu positionieren!

A4 In einem Schüleraufsatz wird folgende Deutungshypothese aufgestellt:

> **Detuungshypothese:**
> Harras ist ein primitiver Schlächter, der skrupel- und erbarmungslos die Prinzipien der herrschenden Habsburger umsetzt.

Diskutieren Sie, ob Sie dieser Deutungshypothese so zustimmen.

A5 Führen Sie entweder die Deutungshypothese aus **A4** aus oder Ihre eigene.
Denken Sie dabei daran, nicht nur inhaltliche Aspekte auszuführen, sondern auch auf sprachliche Besonderheiten einzugehen, die Sie in Ihre Ausführungen integrieren.

> **TIPP** Bei der Argumentation helfen Ihnen die Zitate aus **A1**.

Die Gumpisch Bäuerin äußert sich zu den Verhältnissen folgendermaßen:

> „Auch wenn die Habsburger schrecklich sein können, so sind auch sie nur Menschen und tragen ein Lichtlein in sich." (S. 205)

Teilen Sie diese Einschätzung? Nehmen Sie begründet Stellung zu der Äußerung.

A6 Im Roman wird an vielen Stellen deutlich, welchen Einfluss Besatzung und Krieg auf die Menschen hatten.
Notieren Sie Textstellen, die die dort angesprochenen Themen illustrieren.

Hinrichtungen | Festungsbau | Niederschlagung von Aufständen | Plünderungen | Willkürherrschaft | Söldnertum | Militarisierung des Alltags | Soldaten | Machtmissbrauch | Brutalität der Herrschenden | (Massen-)Vergewaltigung

A7 Wie sieht es heute aus?
Recherchieren Sie im Internet, welche Krisen und Kriege ganz aktuell das Leben der Menschen beeinträchtigen, und finden Sie dabei heraus, inwiefern sich – trotz aller Probleme - die Situation im Gegensatz zur damaligen Zeit verbessert hat.
Die Fotografien geben Ihnen bereits erste Impulse.

Feiernde Soldaten der sudanesischen Armee nach der Rückeroberung einer Militärbasis

Anwohner sprechen in Cherson (Ukraine) mit russischen Soldaten (Foto auf einer von Russland organisierten Reise aufgenommen).

g) Eine Geschichte ohne Nebenfiguren? – Rolle und Funktion von Nebenfiguren erschließen

A1 Ziemlich genau in der Mitte des Romans wird eine Nebenfigur eingeführt, die allerdings im Gegensatz zu anderen Nebenfiguren nicht selbst erzählt:

> ein Gast aus dem Norden (S. 154).

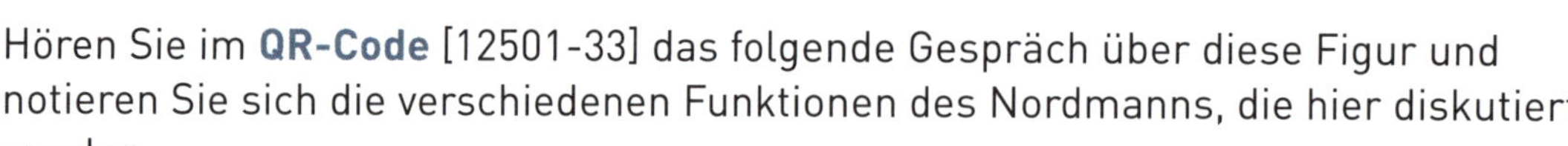

Hören Sie im **QR-Code** [12501-33] das folgende Gespräch über diese Figur und notieren Sie sich die verschiedenen Funktionen des Nordmanns, die hier diskutiert werden.

12501-33

Wissen Sie nicht, was genau eine Nebenfigur ist und welche Rolle und Funktion diese für einen literarischen Text spielt? Dann finden Sie unter dem **QR-Code** [12501-34] einen kurzen Informationstext.

12501-34

A2 Bewerten Sie in einem Plenumsgespräch die verschiedenen Deutungshypothesen zur Rolle und Funktion Sturlas, die in dem Gespräch aus **A1** geäußert werden.

A3 Welche der im Wortgitter versteckten Nebenfiguren ist eigentlich Ihre „liebste"? Begründen Sie Ihre Auswahl.

U	W	J	T	P	M	A	O	T	H	E	R	E	S	A	Y	S	T	E	I
Y	X	K	G	U	M	P	I	S	C	H	B	A	E	U	E	R	I	N	X
G	N	K	N	A	I	J	X	J	Q	B	Z	U	O	L	R	P	S	Z	X
G	S	G	R	O	S	I	M	A	R	I	Q	V	W	E	T	N	P	F	S
X	B	R	U	I	V	P	Z	Z	L	C	A	K	W	P	E	H	E	K	M
T	H	R	F	H	T	L	D	C	G	D	X	I	N	N	S	O	E	U	W
F	E	L	M	C	I	Y	R	X	I	N	A	W	W	V	C	T	I	J	P
Q	J	U	P	P	J	U	P	P	L	H	H	V	N	T	E	X	F	S	Y
H	H	P	C	G	W	L	F	E	E	F	C	A	L	E	V	D	R	A	M
E	N	M	P	H	H	H	Y	W	H	Z	S	T	R	B	L	K	A	F	Z
D	B	R	W	P	E	I	I	V	P	Z	Z	E	H	X	H	I	U	I	L
W	A	E	T	H	V	S	H	T	L	D	C	R	R	Q	B	X	F	R	M
I	A	L	H	L	R	E	H	Z	R	R	X	T	H	O	F	P	U	A	N
G	R	B	Y	Y	N	A	A	S	K	N	K	A	R	A	V	Y	R	E	U
E	T	O	G	G	N	H	T	T	I	Y	K	U	E	L	X	H	R	A	C
Q	G	T	T	G	R	L	T	R	W	I	A	F	A	O	U	N	E	D	V
M	T	M	R	X	O	E	O	O	M	M	U	E	G	I	Y	X	R	N	L
U	I	K	R	I	B	V	L	B	W	I	S	R	D	S	P	N	S	J	B
X	Z	G	R	O	B	M	I	L	G	K	Z	H	K	A	O	S	C	H	G
O	S	C	H	W	E	S	T	E	R	E	L	I	S	A	B	E	T	H	U

» 5. Wilhelm Tell – ein Held?

A1

12501-61

In Kapitel 2 haben Sie sich bereits näher mit der Tell-Figur und deren Rezeptionsgeschichte beschäftigt. Dabei haben Sie herausgefunden, dass die Tell-Figur unterschiedlichen Interpretationen unterliegt. Sicher ist aber, dass die mythische Figur Wilhelm Tell weithin als Held gilt.
Aber was ist für Sie überhaupt ein Held?
Ergänzen Sie den folgenden Satzanfang **digital** oder analog.

Ein Held ist für mich …

12501-62

Lesen Sie nun alle Definitionsversuche Ihrer Lerngruppe.
Arbeiten Sie verschiedene Merkmale heraus, die Helden im Allgemeinen auszeichnen, ordnen Sie diese und fertigen Sie davon ausgehend **digital** oder analog gemeinsam eine Mind-Map zum Begriff „Held“ an.

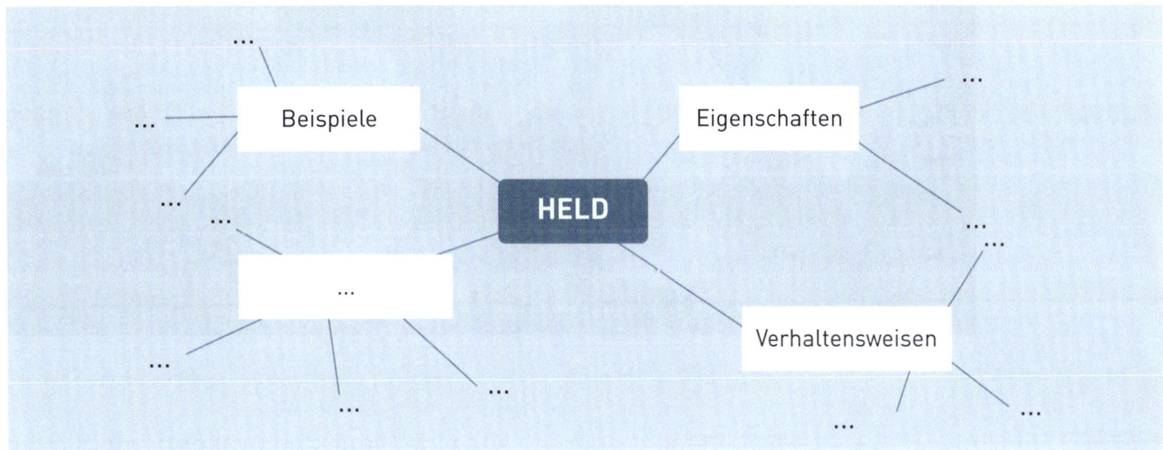

A3 Ergänzen Sie Ihre Ergebnisse mit neuen Aspekten, die Sie im **QR-Code** [12501-35] aus dem Lexikoneintrag der Universität Kiel sowie dem Digitalen Wörterbuch der Deutschen Sprache zu dem Begriff entnehmen können.

A4 Das Tell-Museum in Bürglen, Schweiz, präsentiert die umfassendste Sammlung von Dokumenten, Darstellungen und Fundstücken aus sechs Jahrhunderten zu Wilhelm Tell. In seiner Dauerausstellung möchte es „Tells Heldengeschichte neu zeigen“.
Lesen Sie den folgenden Ausstellungstext und markieren Sie Stellen, die zeigen, warum die mythische Tell-Figur dort als Held beurteilt wird.

„Die Mythenfigur Tell hat das Selbstwertgefühl der alten und neuen Eidgenossenschaft über fünf Jahrhunderte tüchtig beflügelt: Sie ist Identitätsstifterin, gilt als nationales Klischee und wird von allen möglichen Gruppen, politischen Parteien und nicht zuletzt von der Werbung stets aufs Neue instrumentalisiert.
Tell verkörpert eine gute Vaterfigur, den mutigen Verteidiger von Freiheitsrechten und den unerschrockenen Kämpfer gegen die Willkür der Macht: Werte, denen sich die freiheitliche Gesellschaft durchaus verpflichtet fühlt.
Tell hat Schwestern und Brüder: Starke Frauen und Männer kämpften in der ganzen Welt für Freiheit und die Würde der Menschen. Aber Stärke und Grösse können auch zwiespältig sein, scheitern und in ihr Gegenteil kippen.“

A5 Zu diesem Ausstellungstext gibt es eine Installation, die verschiedene Menschen aus unterschiedlichen Zeiten und Kulturräumen mit Tell vergleicht. Kennen Sie diese Helden und Ihre Heldentaten? Ordnen Sie die Namen den Büsten zu.

1 Mahatma Gandhi • 2 Robin Hood • 3 Che Guevara • 4 Aung San Suu Kyi • 5 Guy Fawkes • 6 Henri Guisan

A6 Informieren Sie sich arbeitsteilig über jeweils eine Figur und präsentieren Sie Ihre Rechercheergebnisse strukturiert im Plenum (Vortragsdauer: ca. 3 Min.). Gehen Sie dabei besonders darauf ein, ob Ihre Figur als eine Heldin / ein Held betrachtet werden kann.

TIPP **Tipp für die Zuhörenden:** Machen Sie sich während des Vortrags Notizen dazu, worin das Heldenhafte und evtl. auch das Widersprüchliche der Figur besteht. Geben Sie im Anschluss der/dem Vortragenden ein kurzes Feedback, inwiefern diese beiden Aspekte verständlich präsentiert wurden. Falls Sie bestimmte Zusammenhänge nicht verstanden haben, fragen Sie mithilfe Ihrer Notizen nach.

A7 Wen würden Sie gerne als Büste im Tell-Museum als Heldin oder als Held sehen? Schreiben Sie eine E-Mail an das Tell-Museum, in der Sie Ihren Vorschlag begründet darlegen. (mind. 200 Wörter)

A8 Im Jahr 2011 hat sich das Museum für Kunst und Geschichte in Neufchâtel ebenfalls der Tell-Figur angenommen. Welche Perspektive hat der Ausstellungskurator Jean-Daniel Morerod auf die Tell-Figur? Analysieren Sie diese mithilfe des Ausstellungsplakats.

Sprechen Sie kein Französisch? Unter dem **QR-Code** [12501-36] finden Sie die Übersetzung des Plakattextes.

12501-36

A9 click & study 12501-63

Trotz der dargestellten Ambivalenzen wird die mytische Tell-Figur mehrheitlich als positiv bewertet. Aber wie wirkt eigentlich Joachim B. Schmidts Tell auf Sie als Leserin / Leser? Geben Sie Ihr „Helden-Votum" über Mentimeter **digital** ab und diskutieren Sie das Klassenergebnis mithilfe der Erkenntnisse, die Sie über den Heldenbegriff gewonnen haben, und der Darstellungsweise des Romans.

- [ ] Schmidts Tell ist ein Held.
- [ ] Schmidts Tell ist kein Held.
- [ ] Ich bin mir unsicher, ob Schmidts Tell ein Held ist.

A10 Überprüfen Sie, ob Ihre Wahrnehmung Tells mit der Absicht des Autors übereinstimmt. Lesen Sie dazu mittels **QR-Code** [12501-38] einen Interviewausschnitt, in dem Joachim B. Schmidt über seine Sicht auf Wilhelm Tell spricht, und fassen Sie diese in eigenen Worten zusammen.

12501-38

» 6. Literatur ist Geschmackssache?! – Literatur bewerten

A1 Tom Gauld ist ein bekannter Comic-Künstler, der sich zeichnerisch vor allem mit den Themen Literatur und Lesen beschäftigt. Benennen Sie das Thema des Comicstrips und beschreiben Sie, wodurch der Witz entsteht.

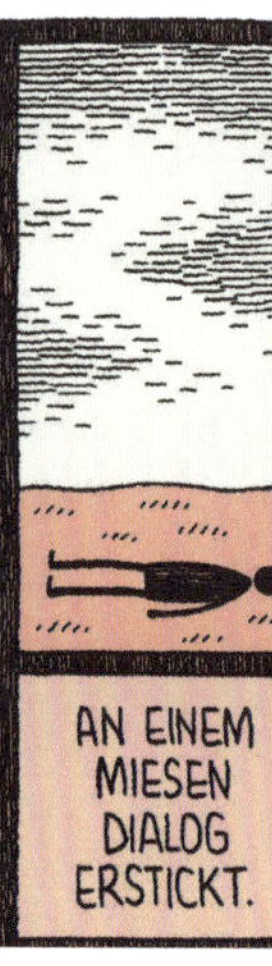

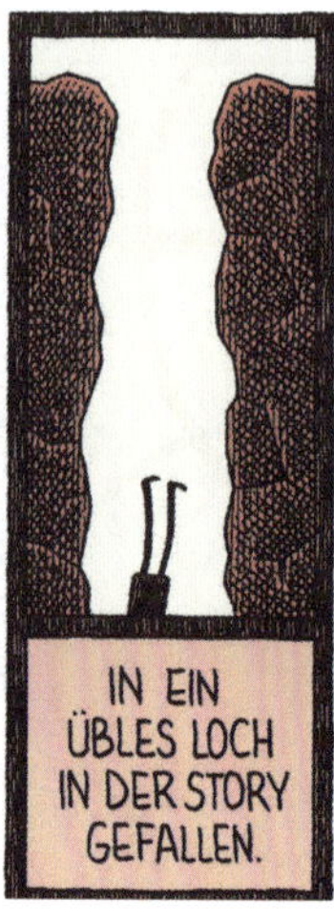

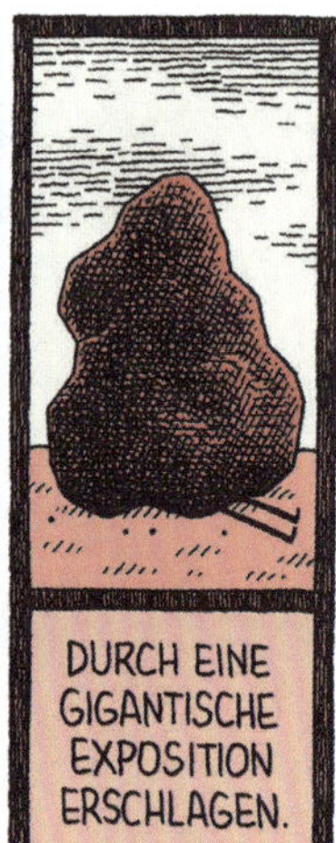

A2 Ergänzen Sie entweder Gaulds Comicstrip um drei weitere Panels oder gestalten Sie einen eigenen Strip mit dem Titel *Erhebende Momente in guten Romanen*. Greifen Sie dabei weitere Kriterien auf, die bei der Bewertung von Literatur eine Rolle spielen.

Fallen Ihnen keine weiteren Kriterien ein, dann finden Sie unter dem **QR-Code** [12501-39] Impulse.

A3 Präsentieren Sie in Ihrer Lerngruppe Ihre Comicstrips und sammeln Sie davon ausgehend Aspekte, die zu gelingenden oder misslingenden Leseerfahrungen führen können. Veranschaulichen Sie die einzelnen Aspekte mit eigenen Lektüreerfahrungen.

A4 Joachim B. Schmidt äußert sich im Interview über eigene Leseerfahrungen und die damit verbundenen Hoffnungen:

„Ich erinnere mich noch gut, als ich als Jugendlicher zum ersten Mal ein Buch las, in dem die Gewalt eskalierte. Ich war wie an die Seiten festgeleimt, die Szene spielte sich wie ein Kinofilm vor mir ab, und wäre es ein Film gewesen, hätte ich ihn nicht schauen dürfen. Wow, dachte ich. Das kann also die Literatur! Jedes Buch wie eine Tür zu einer spannenden, abenteuerlichen Welt. Und alle Türen stehen mir offen. Leider hat die Literatur durch Netflix, Youtube & Co sehr viel Konkurrenz erhalten. Mit ‚Tell' können wir den Jugendlichen zeigen, dass es auch in der Literatur zur Sache gehen kann, dass sie unterhaltsam ist, brutal und uns emotional bewegen kann. Ich hoffe, dass die Jugendlichen ihre Köpfe durch diese Tür in die Seiten stecken und dieselbe Reaktion haben wie ich damals: Wow. Der Knaller!"

Markieren Sie die zentrale Aussage, die der Autor Ihrer Meinung nach über das Lesen trifft.

A5 Aber was ist nun aus der Hoffnung Schmidts geworden, jugendliche Leserinnen/Leser anzusprechen? Hat der Roman Sie überzeugen können? Hat er sie gepackt? Oder hätten Sie das Buch am liebsten zur Seite gelegt und nicht zu Ende gelesen?
Schreiben Sie dem Autor Ihre persönliche, höflich formulierte Kritik. Wenn Sie mögen, können Sie diese direkt an Joachim B. Schmidt schicken: joachim.schmidt@hotmail.com – vielleicht antwortet er Ihnen ja!

A6 Sie haben nun Ihre individuelle Einschätzung geäußert. Mit dem Fachbegriff nennt man so eine Bewertung Laienkritik. Sie finden diese z. B. auf Verkaufsportalen oder auch auf persönlichen Homepages. Aber daneben gibt es auch professionelle Literaturkritik.
Sammeln Sie Erscheinungsformen sowie Gemeinsamkeiten und Unterschiede zwischen Laien- und professioneller Literaturkritik.

A7 Beschäftigen Sie sich ausführlicher mit drei verschiedenen Literaturkritiken und notieren Sie, was jeweils als besonders bemerkenswert in Schmidts Roman hervorgehoben wird.

1 **Zeitungsrezension** – unter dem **QR-Code** [12501-40] nachzulesen

12501-40

2 **Hörfunk** – im **QR-Code** [12501-41] nachzuhören

12501-41

3 **Film/Interview** – im **QR-Code** [12501-42] nachzuschauen

12501-42

A8 Welche der drei Besprechungen von Schmidts *Tell* überzeugt Sie am meisten? Die Zeitungsrezension? Der Radio-Podcast? Oder das filmische Interview?
Begründen Sie Ihre Wahl, indem Sie auch die jeweiligen Vor- und Nachteile der einzelnen Formate berücksichtigen.

A9 Besonders beliebt bei Jugendlichen sind derzeit Tiktok-Videos.
Entscheiden Sie begründet, ob man Literaturkritik auch in diesem Format äußern könnte.

A10 Gestalten Sie nun eine digitale Rezension zu *Tell* und greifen Sie dabei ein Format auf, das Jugendliche besonders anspricht (z. B. Podcast, Instagram-Story, Booktube-Video, Tiktok-Video).

Textnachweis

6 Joachim B. Schmidt-Zitat: Also die Vorstellung, dass man seinem eigenen Kind einen Apfel vom Kopf schießen müsste ....", aus: https://www.ndr.de/kultur/buehne/Tell- als-szenische-Lesung-im-Theater-Goettingen,wilhelmtell128.html, am 20.4.2023 aufgerufen (= Szenische Lesung, Theater Göttingen Schmidts Tells, Text und Hördatei (Reportage zur Lesung 2022: Reporterin, Schmidt, Regisseur, Dramaturgin, Schauspieler der Lesung))

9 Stichwort „Mythos" aus: Gero von Wilpert: Sachwörterbuch der Literatur, Sachwörterbuch der Literatur. Stuttgart: Kröner 1989, 7., verb. u. erw. Auflage, S. 600 f.

13 „Joachim B. Schmidt verwandelt den Tell-Stoff massiv", Alexander Wasner, Buchkritik: Joachim B. Schmidt – Tell, SWR Kultur, 25.02.2022, https://www.swr.de/swr2/literatur/joachim-b-schmidt-tell-100.html, aufgerufen am 14.06.2023

14 Nico Dorn: „Es geht hier nämlich viel weniger um die Schriften des Dichters ...", aus: Friedrich Schiller in der Rezeption – Wahrnehmung und Wirkung von Werk und Person, 2006, http://www.texttexturen.de/schiller-rezeption/, aufgerufen am 14.06.2023

14 Hitler-Zitat aus https://www.mein-kampf-edition.de/?page=band2%2FIntro8.html&term=starke%252Cmächtigsten%252Callein#sr0, aufgerufen am 19.06.2023

15 „Die vier Mitglieder der Volksfront ...", aus: https://www.20min.ch/story/als-es-auf-dem-flughafen-zuerich-tote-gab-120671792823, aufgerufen am 14.06.2023

21 Definition „Analepse", aus: Gerard Genette: Die Erzählung, Verlag Wilhelm Fink, München 1994, S. 25

24 Personenverzeichnis aus Friedrich Schillers „Wilhelm Tell", aus Reclams Universalbibliothek Nr. 15337, Philipp Reclam Verlag, Stuttgart 2000, S. 3 f.

30 Kyeonghi Lee: „.... die weiblichen Figuren [treten] in „Wilhelm Tell" einen Schritt hinter die männlichen Gestalten zurück. ...", aus: dies.: Weiblichkeitskonzeptionen und Frauengestalten im theoretischen und literarischen Werk Friedrich Schillers, Dissertation der Universität Marburg 2003, S. 158, ohne Fußnoten zitiert und fehlerbereinigt nach: https://core.ac.uk/download/pdf/147498367.pdf, aufgerufen am 20.06.2023

35 „Die Mythenfigur Tell hat das Selbstwertgefühl der alten und neuen Eidgenossenschaft ...", aus: Stefan Aschwanden, Tellmuseums-Führer, https://www.tellmuseum.ch/, aufgerufen am 22.06.2022

Bildnachweis

Alamy Stock Photo / Geschichts- und Kunstsammlung – S. 10 • Miriam Christen-Zarri, Tell-Museum Berglen – S. 36 • Tom Gauld, London – S. 38 • Getty Images Plus / iStockphoto, Jens Teichmann – S. 29; - / iStockphoto, Roksana Bashyrova – S. 23 • imago images / Allstar – S. 8; - / Everett Collection – S. 8 • iStockphoto / yuelan – S. 10 • Mauritius Images / Alamy Stock Photo, Patti McConville + Andy Warhol, Shot Sage Blue Marilyn, 1964 / © 2023 The Andy Warhol Foundation for the Visual Arts, Inc. / Licensed by Artists Rights Society (ARS), New York – S. 7; - / Alamy Stock Photo, Pictorial Press Ltd + Andy Warhol, The Velvet Underground & Nico Album Cover, 1967 / © 2023 The Andy Warhol Foundation for the Visual Arts, Inc. / Licensed by Artists Rights Society (ARS), New York – S. 7; - / Udo Bernhart – S. 10 • Musée d'art et d'histoire de Neuchâtel – S. 37 • picture-alliance / ASSOCIATED PRESS – S. 33; - picture-alliance / Newscom – S. 33; - / SVEN SIMON – S. 15 • Quelle: DFF – Deutsches Filminstitut & Filmmuseum, Frankfurt am Main / Plakatarchiv – S. 14 • © Thomas Rabsch – S. 31 (2) • Rod Kommunikation AG – S. 16 • Joachim B. Schmidt, Tell, © Diogenes Verlag AG, Zürich – Cover, S. 6 • Eva Schram / © Diogenes Verlag AG, Zürich – S. 38 • Thomas Widmer / © Emmi – S. 16